ALBANIAN - ENGLISH

CONVERSATIONS

BASHKËBISEDIME SHQIP-ANGLISHT

Çezar Kurti

ALBANIAN - ENGLISH

CONVERSATIONS

BASHKËBISEDIME SHQIP-ANGLISHT

EDITED BY:
JOSEPH FINORA
ZHANDARKA KURTI

NEW YORK, 2007

ALBANIAN-ENGLISH CONVERSATIONS
BASHKEBISEDIME SHQIP-ANGLISHT
BY ÇEZAR KURTI
SECOND EDITION, 2007

ISBN: 1-4196-7151-0

Library of Congress Control Number: 2007904633

Publisher: BookSurge Publishing,
North Charleston , South Carolina

FIRST EDITION:
BASHKEBISEDUES SHQIP-ANGLISHT
ALBANIAN-ENGLISH CONVERSATIONS
KURTI PUBLISHING, NEW YORK 1998

Acknowledgments

The author thanks Mr. Pjeter Dedaj, Public Accountant in New York, for sponsoring the publication of the first edition of this book.

To order additional copies visit:
www.booksurge.com or
www.cezarkurti.com

Dedicated to the memory of my dear parents
and their love for Albania.

ABOUT THE "ALBANIAN-ENGLISH CONVERSATIONS:"

This book contains standard phrases that are commonly used in everyday life such as arriving at the airport, passport checking, house renting, shopping and etc. The phrases are in Albanian as well as in English. Keeping in mind the American pronunciation, English phrases are transcribed where possible.

The Albanian part has not been transcribed, since there is not any significant difference between reading and writing in this language. To make the reading of Albanian phrases easier, the English speaking readers will find at the end of the book a chapter entitled, "The Sounds of Albanian," in which they will find an elaborated description of Albanian sounds, consonants and vowels.

All themes that are included in this book are reflected in the "Table of Content."

For further assistance in the pronunciation of Albanian sounds you can also check the following website: www.cezarkurti.com, where you can hear the pronunciation of theAlbanian sounds. For additional help in learning the grammar of the Albanian, you can find in Amazon.com the book "Learn Albanian" published by "Legas".

DY FJALË PËR LIBRIN "BASHKËBISEDIME SHQIP-ANGLISHT"

Ky libër përmban shprehjet, që përdoren ditë për ditë në situata të zakonshme në mjedisin ku flitet gjuha angleze. Këtu përfshihen mbërritja në Shtetet e Bashkuara, kontrolli i pasaportave, dogana, gjetja e banesës, psonisja nëpër dyqane etj. Shprehjet jepen në gjuhën shqipe dhe në gjuhën angleze (të transkriptuara në bazë të shqiptimit amerikan). Ato jepen zakonisht në sekuencën e përdorimit të tyre dhe në fund kanë një fjalor, që përfshin edhe shqiptimin.

Për të gjetur shprehjet që përdoren në situatën, në të cilën mund të ndodheni, duhet t'i referoheni përmbajtjes në fund të librit, ku janë pasqyruar me hollësi të gjitha temat e bisedimeve.

Në libër do të gjeni dhe një përmbledhje të shkurtër të rregullave kryesore të shqiptimit (amerikan) dhe të gramatikës angleze.

Për shqiptarët. sidomos ata që kanë lindur në Amerikë, të cilët duan të freskojnë gjuhën letrare shqipe, rekomandojmë librin "Learn Albanian", të cilin mund ta gjeni në Amazon.com.

Me ndonjë ndryshim fare të vogël në parashtrimin e lëndës, ky është një ribotim i librit "Bashkëbisedues Shqip-Anglisht" (Albanian-English Conversations), botuar nga Kurti Publishing në vitin 1998 dhe 2001.

VENDE DHE GJUHË
COUNTRIES AND LANGUAGES

KONTINENTE - CONTINENTS

Amerika	*America*	amer'ika
Afrika	*Africa*	ef'rika
Azia	*Asia*	ej'zhia
Australia	*Australia*	ostre'lia
Evropa	*Europe*	ju'rop

VENDE - COUNTRIES

Afrika e Jugut	*South Africa*	sauth ef'rika
Amerika e Jugut	*South America*	sauth amer'ika
Amerika e Veriut	*North America*	north amer'ika
Argjentina	*Argentina*	arxhenti'na
Belgjika	*Belgium*	bel'xhium
Brazil	*Brazil*	bre'zill
Britania e Madhe	*Great Britain*	grejt brit'ën
Sllovakia	*Slovakia*	sllove'kia
Danimarka	*Denmark*	den'mark
Egjipti	*Egypt*	i'xhipt
Finlanda	*Finland*	fin'lend
Franca	*France*	frens
Gjermania	*Germany*	xher'mani
Greqia	*Greece*	gris
Hollanda	*Holland*	ho'llend
Hungaria	*Hungary*	hang'gëri
India	*India*	i'ndia
Irlanda	*Ireland*	ajr'lend
Italia	*Italy*	i'talli
Izraeli	*Israel*	iz'reël
Japonia	*Japan*	xhe'pën
Kanadaja	*Canada*	ke'nëda
Kina	*China*	çaj'na
Kosova	*Kosova*	ko'sova

Kroacia	*Croatia*	kroej'shia
Mali i Zi	*Montenegro*	montene'gro
Maqedonia	*Macedonia*	masedo'nia
Meksika	*Mexico*	me'ksiko
Monako	*Monaco*	më'nako
Norvegia	*Norway*	nor'uej
Pakistan	*Pakistan*	pekis'tan
Palestina	*Palestine*	pa'lestin
Peru	*Peru*	pe'ru
Polonia	*Poland*	po'lend
Portogalia	*Portugal*	por'tugall
Rumania	*Romania*	rome'nia
Rusia	*Russia*	ra'shia
Serbia	*Serbia*	sër'bia
Shqipëria	*Albania*	elbej'nia
SHBA	*United States of America*	junaj'tëd stejts ov amer'ika
Spanja	*Spain*	spejn
Suedia	*Sweden*	sui'dën
Turqia	*Turkey*	tër'ki
Ukraina	*Ukraine*	ju'krein
Zvicera	*Switzerland*	sui'cerlend

GJUHË - LANGUAGES

anglisht	*English*	ing'gllish
bullgarisht	*Bulgarian*	ball'gerian
frëngjisht	*French*	frenç
gjermanisht	*German*	xhër'men
greqisht	*Greek*	grik
hungarisht	*Hungarian*	hang'gerian
italisht	*Italian*	itel'jën
japonisht	*Japanese*	xhepëniz'
kinezisht	*Chinese*	çajniz'
rumanisht	*Romanian*	rome'nian
rusisht	*Russian*	ra'shën
spanjisht	*Spanish*	spe'nish
shqip	*Albanian*	elbej'nian

FLISNI ANGLISHT ?
DO YOU SPEAK ENGLISH ?

Flisni anglisht?	*Do you speak English?*	du ju spik ing'gllish
Jo, unë s'flas anglisht	*No, I dont' speak English*	nou, aj dont spik ing'gllish
Po, unë flas anglisht	*Yes, I do*	jes, aj du
Unë flas pak	*I speak a little*	aj spik e li'tëll
Fare pak	*Very little*	ve'ri li'tëll
Aspak	*Not at all*	not et oll
Kuptoni anglisht?	*Do you understand English?*	du ju anderstend' ing'gllish
Jo, nuk kuptoj	*No, I don't understand*	nou, aj dont anderstend
Po, unë kuptoj	*Yes, I do*	jes, aj du
Unë kuptoj pak	*I understand a little*	aj anderstend' e li'tëll
Më kuptoni?	*Do you understand me?*	du ju anderstend' mi
Jo, nuk ju kuptoj mirë	*No, I don't understand you well*	nou, aj dont anderstend ju uell
Unë ju kuptoj mirë	*I understand you well*	aj anderstend ju uell
Unë i kuptoj pothuaj të gjitha	*I understand almost everything*	aj anderstend all'most ev'rithing
Unë jam duke mësuar anglisht	*I am studying English*	aj em stad'ing ing'gllish
Ju po flisni shpejt	*You are talking too fast*	ju ar tok'ing tu fest
Mund të flisni më ngadalë ju lutem?	*Could you speak more slowly please?*	kud ju spik mor sllou'li plli'iz?
Mund ta përsërisni ju lutem?	*Could you repeat that please?*	kud ju ripit' dhet plli'iz
Si thatë, ju lutem?	*Excuse me?*	ek'skjuz mi
	Beg your pardon?	beg jur par'dën
Si thuhet kjo në anglisht?	*How do you say that in English?*	hau du ju sej dhet in ing'gllish
Do të doja ta mësoja gjuhën tuaj	*I should like to learn your language*	aj shud llajk to lërn jur le'nguixh.
Është e dobishme të dishë gjuhë të huaja	*It is useful to know foreign languages*	it iz juz'full to nou fo'rin len'guixhëz

SI T'U DREJTOHEMI NJERËZVE
ADDRESSING PEOPLE

TË NJOHURVE:

Xhon, Suzan	*John, Susan*	xhan, su'zen
Zoti Smith	*Mr. Smith*	mis'tër smith
Zonja Smith	*Mrs. Smith*	mis'is smith
Zonjusha Smith	*Ms. Smith*	mis smith
Zonja dhe zotërinj	*Ladies and Gentlemen*	le'dis end xhen'tëllmen

TË PANJOHURVE:

Zotëri	*Sir*	sër
Zonjë	*Madam, Lady*	me'dëm, le'di
Zonjushë	*Miss, Young lady*	mis, jang ledi
Doktor	*Doctor*	dak'tër
Hamall	*Porter*	por'tër
Infermiere	*Nurse*	nërs
Kamarier(e)	*Waiter*	uej'tër
Polic	*Officer*	a'fisër
Shofer	*Driver*	draj'vër
Centraliste	*Operator*	apërej'tër

FILLIM LETRE -OPENING OF LETTER

I dashuri Xhon	*Dear John*	dir xhan
E dashura Suzanë	*Dear Susan*	dir su'zen
Mik i shtrenjtë	*Dear Friend*	dir frend
I dashuri z. Smith	*Dear Mr. Smith*	dir mis'tër Smith
E dashura znj. Smith	*Dear Mrs. Smith*	dir mis'is Smith
E nderuara zonjë	*Dear Madam*	dir me'dëm
I nderuari zotëri	*Dear Sir*	dir sër

FUND LETRE - CLOSING OF LETTER

të falat e mia	*my regards*	maj rigards'
të falat më të ngrohta	*warmest regards*	uor'mest rigards'
urimet më të mira	*best wishes*	best uishis
i juaji sinqerisht	*sincerely yours*	sin'sërlli jurs
	faithfully yours	feithfu'lli jurs

11

TË DHËNA PERSONALE
PERSONAL DATA

EMRI, MBIEMRI,DITËLINDJA
NAME, LAST NAME, BIRTHDAY

Si ju quajnë?	*What is your name?*	huat iz jur nejm
Mua më quajnë Marin	*My name is Marin*	maj nejm iz Marin
Si e keni mbiemrin?	*What is your last name?*	huat iz jur lest nejm?
Mbiemrin e kam Drini	*My last name is Drini*	maj lest nejm iz Drini
Nga cili vend jeni?	*Where are you from?*	huer ar ju from
Unë jam nga Shqipëria	*I am from Albania*	aj em from elbej'nia
Sa vjeç jeni?	*How old are you?*	hau old ar ju
Unë jam 30 vjeç	*I am thirty years old*	aj em thër'ti jirs old
Në cilin vit keni lindur?	*What (In which) year were you born?*	huat (in huiç) jir uër ju born?
Unë kam lindur në vitin 1964	*I was born in 1964 (in nineteen hundred and sixty four)*	aj uaz born in 1964 (in najntin' handred' end sik'sti for)
Ku keni lindur?	*Where were you born?*	Ku keni lindur?
Kam lindur në Tiranë	*I was born in Tiranë*	aj uaz born in Tiranë
Kur e keni ditëlindjen?	*When is your birthday?*	huen iz jur bërth'dej
Me 1 qershor	*On the first of June*	on dhë fërst of xhun

FAMILJA, TË AFËRMIT
FAMILY, RELATIVES

Unë jam ...	*I am ...*	aj em
- i/e martuar	*married*	me'rrid
- beqar/e	*single*	sin'gëll
- i/e ndarë	*divorced*	divors'
- i/e ve	*a widow/er*	uid'ou, uid'ouer
- i/e fejuar	*engaged*	engej'xhëd
Jeni i/e martuar?	*Are you married?*	ar ju me'rrid?
Unë s'jam i martuar	*I am not married*	aj em not me'rrid
Ne jemi fejuar një	*We got engaged a*	ui gat engej'xhëd

12

Albanian	English	Pronunciation
vit më parë	*year ago*	e jir egou'
Ky është burri im	*This is my husband*	dhis iz maj haz'bend
Kjo është gruaja ime	*This is my wife*	dhis iz maj uajf
Keni fëmijë?	*Do you have children?*	du ju hev çill'drën?
Unë nuk kam fëmijë	*I don't have children*	aj dont hev çill'drën
Unë kam tre fëmijë, një djalë dhe dy vajza	*I have three children, one boy and two girls*	aj hev thri çill'drën, uan boj end tu gërls
Sa vjeç është fëmija?	*How old is your child?*	hau old iz jur çajlld
Ai është një vjeç	*He is one year old*	hi iz uan jir old
Kam plot kushurinj	*I have many relatives*	aj hev me'ni re'lativz
Kjo është nëna ime	*This is my mother*	dhis iz maj ma'dhër
Kjo është motra juaj?	*Is this your sister?*	iz dhis jur sis'tër
Jo, kjo s'është motra ime	*No, this is not my sister*	nou, dhis iz not maj sis'tër
Kush është ajo?	*Who is she?*	hu iz shi
Ajo është kunata ime	*She is my sister in law*	shi iz maj sis'tër in llo
Ky është i fejuari im	*This is my fiancé*	dhis iz maj fianse'
Ku banoni?	*Where do you live?*	Huer du ju liv
Mund të ma jepni adresën?	*Will you give me your address?*	uill ju giv mi jur edres'
Mund të ma jepni numrin e telefonit?	*Will you give me your telephone number?*	uill ju giv mi jur tel'ëfon nam'bër

Albanian	English	Pronunciation
afërm (i, e)	*relative*	rel'ëtiv
baba	*father*	fa'dhër
banoj	*to live*	tu liv
bashkëshort	*husband*	haz'bend
bashkëshorte	*wife*	uajf
beqar/e	*single*	sin'gëll
binjakë	*twins*	tuins
burrë, burra	*man, men*	men, men
dhëndërr	*groom*	grum'
ditëlindje	*birthday*	bërth'dej
djalë i vogël	*little boy*	li'tëll boj
emër	*first name*	fërst nejm
emtë (hallë, teze)	*aunt*	ont
familje	*family*	femë'lli
fejuar (i, e)	*engaged*	engej'xhëd
fejuara (e)	*fiancée*	fi'ansè'
fejuari (i)	*fiancé*	fi'ansè'
femër, -or	*female, feminine*	fi'mejl, fem'inin

13

fëmijë, -ët	child, children	çajld, çill'drën
grua, gra	woman, women	u'mën, ui'min
gjallë (i, e)	alive	ellajv'
gjysh	grandfather	grendfa'dhër
gjyshe	grandmother	grendma'dhër
kombësi	nationality	neshionell'iti
kunat-i	brother in law	bra'dhër in llo
kunatë-a	sister in law	sis'tër in llo
kushuri	relative	rel'ëtiv
lindur (jam)	to be born	tu bi born
madhi (më i)	elder	eld'ër
martuar (i/e)	married	me'rrid
mashkull, -or	male, masculine	mejl, mesk'julin
mbesë (e gjyshit)	granddaughter	grendo'tër
mbesë (e ungjit)	niece	nis
mbiemër	last name	lest nejm
mezoburr, -grua	of middle age	ov mi'dëll ejxh
moshë	age	ejxh
mitur (i, e)	adolescent	ed'ëlleshent
moshuar (i, e)	senior	si'njor
motër	sister	sis'tër
ndarë (i, e)	divorced	divors'
nënë	mother	ma'dhër
nip (i gjyshit)	grandson	grendson'
nip (i ungjit)	nephew	nef'ju
nuse	bride	brajd
person	person	për'sën
plak	old man	old men
plakë	old woman	old u'mën
prindër	parents	pe'rënts
quhem	be named, called	bi nejmëd, koll'ëd
qytet i lindjes	native town	nej'tiv taun
ri (i, e)	young	jang
reja (e)	daughter-in-law	do'tër-in-llo
rritur (i, e)	adult	e'dëlt
ungj (xhaxha, dajë)	uncle	ang'këll
ve (i, e)	widow/er	uid'ou, uid'ouer
vendlindje	place of birth	plejs ov bërth
vëlla	brother	bra'dhër
vëllai i madh	older brother	oll'dër bra'dhër
vëllai i vogël	younger brother	jan'gër bra'dhër
vjehërr-a	mother-in-law	ma'dhër in llo
vjehërr-i	father-in-law	fa'dhër in llo
vogëli (më i)	youngest	jang'est

Pamja e jashtme dhe karakteristikat e njeriut

Human appearance and characteristics

Zoti Smith është i shkurtër dhe i trashë	*Mr. Smith is short and fat*	mr smith iz short end fet
Drita është tepër e gjatë për moshën e saj	*Drita is very tall for her age*	drita iz ver'i toll for hër ejxh
Ju jeni shumë i zbehtë	*You are very pale*	ju ar ver'i pejl
Iliri ka karakter shumë të fortë	*Ilir has a very strong character*	Ilir hez e ver'i strong ker'ëkter
Pse jeni kaq serioz?	*Why are you so serious?*	huaj ar ju so sirjëz
Ai është djalë i mirë	*He is a good boy*	hi iz e gud boj
Burri juaj është shumë i mërzitshëm	*Your husband is very boring*	jur hasbend iz veri boring
Ai u tregua shumë i sjellshëm me mua	*He was very kind with me*	hi uaz ver'i kajnd uith mi

ambicioz	*ambitious*	embish'ës
ashpër (i. e)	*crude, unpolished*	krud, anpollish'ëd
bardhë (i, e)	*white*	huajt
bjond	*blond*	blond
budallë	*stupid*	stu'pid
bukur (i, e)	*beautiful, pretty*	bju'tifull, prit'i
bukuri	*beauty*	bju'ti
çrregullt (i, e)	*messy*	mes'i
dashur (i, e)	*friendly, kind*	frend'lli, kajnd
dembel	*lazy*	lejz'i
drejtë (i, e)	*just*	xhast
dua	*to want, to love*	tu uant, tu lov
fëminor	*childish*	çaj'lldish
fortë (i, e)	*strong*	strong
frikacak	*coward*	kou'ërd

gëzuar (i, e)	*happy, glad*	hep'i, gled
gjatë (i, e)	*tall, big*	toll, big
karakter	*character*	ker'ëkte
keq (i, e)	*bad*	bed
kënaqur (i, e)	*to be content, pleased*	tu bi kon'tent, bi plizëd
krenar	*proud*	proud
kujdesshëm (i, e)	*careful*	ker'full
lakmiqar	*greedy*	grid'i
lumtur (i, e)	*happy*	hep'i
mendësi	*mentality*	mentell'iti
mërzitshëm (i, e)	*boring*	bor'ing
mirë (i, e)	*good*	gud
mirësi	*goodness*	gudnes
ndershëm (i, e)	*honest, decent*	on'est, di'sent
ndjej	*to feel*	tu fill
ndjenjë	*feeling*	fill'ing
ndjeshëm (i, e)	*sensitive*	sen'sitiv
ngjan	*resemble*	rizem'bëll
padurueshëm (i, e)	*unbearable*	anbër'ebëll
pamja e jashtme	*appearance*	ëpir'ëns
personalitet	*personality*	përsënel'iti
pëlqej	*to like*	tu llajk
përpiktë (i, e)	*punctual*	punk'çuëll
rinor	*youthful*	juth'full
rreptë (i, e)	*severe, strict*	sëv'ir, strikt
serioz	*serious*	sir'jëz
shëmtuar (i, e)	*ugly*	ag'lli
shëndoshë (i, e)	*fat*	fet
shkathët (i, e)	*smart*	smart
shkurtër (i, e)	*short, small*	short, smoll
simpatik	*nice*	najs
sinqertë (i, e)	*sincere*	sin'sir
thatim, -e	*slender*	slend'ër
trim	*brave*	brejv
trishtuar (i, e)	*sad*	sed
turpshëm (i, e)	*timid, shy*	tim'id, shaj
urtë (i, e)	*quiet, still*	kuajët, still
zbehtë (i, e)	*pale*	pejl
zeshkët (i, e)	*brown*	broun
zi (i, e)	*black*	bllek

JETA E PËRDITSHME - THE DAILY LIFE

OBJEKTE - ARTICLES

aparat fotografik	*camera*	ka'mera
bllok shënimesh	*notebook*	nout'buk
brisk rroje	*razor*	rej'zër
cigare	*cigarette*	si'garet
çadër	*umbrella*	ambrell'a
çakmak	*lighter*	llajt'ër
çantë dore	*handbag*	hend'beg
çelës	*key*	kii
diksioner turisti	*tourist dictionary*	tur'ist dik'shëneri
doreza	*gloves*	glla'vëz
furçë	*brush*	brash
furçë dhëmbësh	*toothbrush*	tuth brash
guidë turistike	*tourist guide*	tur'ist gajd
hartë	*map*	mep
hartë e qytetit	*map of the town*	mep ov dhë taun
mushama	*mackintosh*	mek'intosh
kartëvizitë	*visiting card*	viz'iting kard
krehër	*comb*	komb
kuti cigaresh	*cigarette case*	si'garet kejs
lapës	*pencil*	pen'sill
mbajtëse çelësash	*keyholder*	ki'hold'ër
ndërresa personale	*personal underwear*	për'sonal andër'uer
pardesy	*coat*	kout
pasaportë	*passport*	pes'port
pizhama	*pajama*	pëxha'ma
peshqir	*towel*	tou'ëll
sapun	*soap*	sop
sfungjer	*sponge*	sponxh
shami hundësh	*handkerchief*	heng'kërçif
shkrepse	*matches*	me'çis
stilograf	*pen*	pen
syze	*spectacles*	spek'takëls
valixhe dore	*suitcase*	sut'kejs
valixhe udhëtimi	*travelling bag*	trav'ëlling beg

VEPRIME - ACTIONS

arrij	to arrive	tu ërrajv
bëj dush	to take a shower	tu tejk ë sha'uer
bëj një shëtitje	to take a walk	tu tejk ë uok
bëj një të mirë (favor)	to do a favor	tu du ë fej'vër
bëj vizitë	to pay a visit	tu pej ë vi'zit
bie në shtrat	to go to bed	tu gou tu bed
bie të fle	to go to sleep	tu gou tu slip
blej	to buy	tu baj
dal jashtë	to go out	tu gou aut
dal për shëtitje	to go out for a walk	tu gou aut for e uok
eci në këmbë	to walk	tu uok
flas	to speak	tu spik
flej	to sleep	tu slip
ha	to eat	tu it
hap çadrën	to open the umbrella	tu oup'ën dhi ambre'lla
hap derën	to open the door	tu oup'ën dhë dor
harroj	to forget	tu forget'
huaj (i,e)	foreigner	for'ejnër
hyj brenda	to go in	tu gou in
hyj në dyqan	to enter a shop	tu en'tër e shop
jam	to be	tu bi
kaloj kufirin	to cross the frontier	tu kros dhë frontir'
kërkoj informacion	ask for information	esk for informj'shën
krihem	to comb one's hair	tu komb uans her
kujtoj	to remember	tu rimem'bër
lahem	to wash one's self	tu uosh uans self
laj dhëmbët	to clean one's teeth	tu klin uans tiith
laj duart	to wash one's hands	tu uosh uans hends
laj fytyrën	to wash one's face	tu uosh uans fejs
largohem	to leave	tu liv
lexoj	to read	tu rid
lodhur (i, e)	tired	tajr'ëd
marr	to take	tu tejk
mbyll	to close	tu kllouz
mendoj	to think	tu think
mendim	opinion	opin'jën

ndez cigaren	*to light a cigarette*	tu llajt e si'garet
ndez dritën	*to turn the light on*	tu tërn dhë llajt on
ndërroj rrobat	*to change one's clothes*	tu çejnxh uans klo'dhëz
ngrihem nga gjumi	*to get up*	tu get ap
ngrihem nga shtrati	*to get out of bed*	tu get aut ov bed
nis një bisedë	*to start a conversation*	tu start e konverse-
j'shën qeth flokët	*to cut the hair*	tu kat dhë her
përshëndes	*to greet*	tu grit
pij duhan	*to smoke*	tu smouk
pij (ujë)	*to drink*	tu drink
postoj një letër	*to mail a letter*	tu me'il e letër
rezervoj	*to make a reservation*	tu mejk e rezërvej'shën
rezervoj një dhomë	*to reserve a room*	tu rizërv' e rum
rruhem	*to shave oneself*	tu shejv uanself
shëtis	*to walk*	tu uok
shikoj	*to look at*	tu lluk et
shkoj në kinema	*to go to the movie*	tu gou tu dhë mu'vi
shkruaj	*to write*	tu rajt
shkruaj letra në shtëpi	*to write home*	tu rajt houm
shpreh	*to express*	tu ekspres'
shuaj dritën	*to put the light off*	tu put dhë lajt of
	to turn the light off	tu tërn dhë lajt of
shpenzoj	*to spend*	tu spend
teshtij	*to sneeze*	tu sniz
tok dorën	*to shake hands*	tu shejk hends
udhëtoj	*to travel*	tu tra'vell
ulem	*to sit down*	tu sit daun
vë syzet	*to put spectacles on*	tu put spek'takëlls on
vishem	*to dress oneself*	tu dres uan'self
zgjohem	*to awake*	tu euejk'
zhvishem	*to undress oneself*	tu ën'dres uan'self

SHPREHJE TË PËRDITSHME
COMMON PHRASES

PËRSHËNDETJE - GREETINGS

Përshëndetje	*Greetings*	gri'tings
Përshëndes	*To greet*	tu grit
Dua t'i përshëndes	*I would like to greet*	aj ud lajk tu grit
këta zotërinjë	*these gentlemen*	this xhen'tëllmen
Tungjatjeta	*Hello, how are you?*	he'llou, hau ar ju

Mirëmëngjes	*Good morning*	gud mor'ning
Mirëdita	*Good day*	gud dej
	Good afternoon	gud ef'ternun'
Mirëmbrëma	*Good evening*	gud iv'ning
Si jeni sot?	*How are you today?*	hau ar ju tudej
Shumë mirë,	*Very well, thank you*	ve'ri uell, thenk ju
falemnderit	*I am fine, thanks*	aj em fajn, thenks
Më mirë, falemnderit	*Better, thanks*	be'tër, thenks
Jo fort mirë	*Not very well*	not ve'ri uell
Jo aq keq	*Not so bad*	not so bed
Keq	*Bad*	bed
Njëfarësoj	*So - so*	sou - sou
Po ju?	*And you?*	end ju?
Falemnderit, edhe	*I am fine too,*	aj em fajn tu
unë mirë jam	*thank you*	thenk ju
Gëzohem që ju shoh	*Glad to meet you*	gled tu mit ju
Më falni, por më	*Excuse me, but I*	ek'skjuz mi bat aj mast
duhet të largohem	*must be going*	bi going
Mirupafshim	*Goodbye*	gud'baj
Shihemi më vonë	*See you later*	si ju lej'tër
Shihemi përsëri	*See you again*	si ju ëgen
Shihemi së shpejti	*See you soon*	si ju sun
Ditën e mirë	*Have a good day*	hev e gud dej
Natën e mirë	*Good night*	gud najt
Lamtumirë	*Farewell*	faruell'
Udhë e mbarë	*Bon voyage*	bon vuajazh'
Paçi fat	*Good luck*	gud llak
Të fala	*Kind regards*	kajnd rigards'

FALËNDERIM, mIRËNJOHJE, URIME
THANKING, GRATITUDE, WISHES

Ju falemnderit	*Thank you*	thenk ju
Ju falemnderit shumë	*Thank you very much*	thenk ju ve'ri maç
S'ka përse, ju lutem	*You are welcome*	ju ar uell'kam
	Don't mention it	dont men'shën it

	It's all right	its oll rajt
Si mund t'ju ndihmoj?	*What can I do for you?*	huat ken aj du for ju
	How may I help you?	hau mej aj help ju
Falemnderit për	*Thank you for the*	thenk ju for dhi
ftesën	*invitation*	invitej'shën
E çmoj ndihmën tuaj	*I appreciate your help*	aj ëpri'shiejt jur help
U jam mirënjohës	*I am grateful for*	aj em grejt'full for
për ndihmën tuaj	*your help*	jur help
Jeni i mirëpritur	*you are welcome*	ju ar uell'kam
kurdoherë	*every time*	ev'ri tajm
Urimet më të mira	*Best wishes for*	best uish'ës for jur
për ditëlindjen tuaj!	*your birthday!*	bërth'dej
Gëzuar Krishtlindjet!	*Merry Christmas!*	me'rri kris'mës
Gëzuar Vitin e Ri!	*Happy New Year!*	he'pi nju jir

Mund t'ju pyes?	*May I ask you?*	mej aj esk ju?
Mund të hyjë?	*May I come in?*	mej aj kam in?
Mund të shikoj?	*May I have a look?*	mej aj hev e lluk?
Mund të telefonoj	*May I call from*	mej aj koll from hir?
që këtej?	*here?*	
Mund ta provoj	*May I try the*	mej aj traj dhë
xhaketën?	*jacket on?*	xhek'it on?
Mund të pres këtu?	*Can I wait here?*	ken aj uejt hir?
Mund ta lë këtë	*Can I leave this*	mej aj liv dhis
pako këtu?	*package here?*	pek'ixh hir?
Mund të hyj?	*Can I come in?*	ken aj kam in
Po, mundeni	*Yes, you can*	jes, ju ken
Jo, nuk mundeni	*No, you can't*	nou, ju kent
Sigurisht që po	*Of course you can*	ov kors ju ken
Prisni një minutë	*Wait a minute*	uejt e min'it
Me gjithë qejf	*With pleasure*	uith plezh'ër
Jeni dakord?	*Do you agree?*	du ju egri
Natyrisht, që po	*Of course, I am*	ov kors, aj em

Mirë, dakord	*O.K., all right*	o kej, oll rajt
S'kam kundërshtim	*I have no objection*	aj hev nou obxhek'shën
Mendim i bukur	*Good idea*	gud ajdi'a
Pikërisht ajo që doja unë	*It is just what I wanted*	it iz xhast huat aj uant'ëd
Kjo është mrekulli	*That is wonderful*	dhet iz uandërfull'
Kjo është mjaft e përshtatshme për mua	*That is very convenient for me*	dhet iz veri konvinj'ent for mi
Më vjen keq, s'mundem	*I am sorry, I can't*	aj em so'rri, aj kent
Sigurisht që jo	*Certainly not*	sër'tenli not
Çfarë po kërkoni?	*What are you looking for?*	huat ar ju lluk'ing for?
Çfarë doni?	*What do you want?*	huat du ju uant?
Mund të më thoni ...?	*Can you tell me ...?*	ken ju tell mi
Mund ta shpjegoni ...?	*Can you explain ... ?*	ken ju iksplejn'
Mund të më bëni një nder?	*Could you do me a favor?*	kud ju du mi e fej'vër?
Ju lutem!	*Please!*	plli'iz
	If you please!	if ju plli'iz

NDJESË, KEQARDHJE
EXCUSSING, REGRETTING

Më falni	*Excuse me*	ekskjuz' mi
Më vjen keq	*I am sorry*	aj em so'rri
Më vjen keq që ju bëra të prisni	*I am sorry to have kept you waiting*	aj em so'rri tu hev kept ju uejt'ing
Më falni për shqetësimin	*Excuse me for disturbing you*	ek'skjuz mi for distër'bing ju
S'desha t'ju shqetësoj	*I didn't want to disturb you*	aj did'nët uant tu distërb' ju
Ishte faji im	*That was my fault*	dhet uaz maj follt
Nuk e kam fajin unë	*I am not to blame*	aj em not tu blejm
	That wasn't my fault	dhet uaz'nët maj folt
Më falni, çfarë thatë?	*Sorry, I didn't hear you*	sorri, aj did'nt hir ju
Mund ta përsërisni	*Would you mind*	ud ju majnd ripit'ing

ju lutem?	*repeating it?*	it
Me kënaqësi	*With pleasure*	uith plezh'ër
Ç'fatkeqësi!	*What a bad luck!*	huat e bed llak
I shkreti!	*Poor fellow!*	pur fell'ou
Sa keq!	*What a pity!*	huat e pi'ti
	Too bad!	tu bed
Nuk di ç'të them	*I don't know what*	aj dont nou huat
	to say	tu sej
Sa turp!	*What a shame!*	huat e shejm

Paralajmërim, Këshillim, Ndalim
Warning, Admonishing, Forbidding

Kujdes!	*Look out!*	lluk aut
	Beware!	bi'uër
Nxito!	*Quick!*	kuik
	Hurry up!	hërr'i ap
Ju këshilloj ta bëni	*I advise you to do*	aj edvajz' ju tu du
këtë	*that*	dhet
Më mirë të mos	*It's better that you*	its bet'ër dhet ju
e bëni këtë	*would'nt do that*	ud'nët du dhet
Ju s'duhet ta bëni këtë	*You must not do that*	ju mast not du dhet
S'është e nevojshme	*There is no need to*	dher iz no nid tu du
ta bëni këtë	*do that*	dhet
Aq më keq për të	*The worse for him*	dhi uërs for him
Mos u shqetësoni	*Never mind*	nev'ër majnd
Nuk e vlen	*It is not worth it*	it iz not uërth it
Pusho!	*Be quiet!*	bi kuaj'ët
Mjaft më!	*Stop it!*	stap it
Mos flit marrëzira!	*Don't talk nonsense!*	dont tok non'sens

23

Ditët e javës, Muajët, Stinët, Data dhe Koha
The Weekdays, Months, Seasons, Date and Time

DITËT E JAVËS - THE DAYS OF THE WEEK

E hënë	*Monday*	mandej
E martë	*Tuesday*	tjuzdej
E mërkurë	*Wednesday*	uënzdej
E ejte	*Thursday*	thërzdej
E premte	*Friday*	frajdej
E shtunë	*Saturday*	satërdej
E diel	*Sunday*	sandej

MUAJËT - THE MONTHS

Janar	*January*	xhen'juëri
Shkurt	*February*	feb'ruëri
Mars	*March*	març
Prill	*April*	ej'prill
Maj	*May*	mej
Qershor	*June*	xhun
Korrik	*July*	xhullaj'
Gusht	*August*	o'gëst
Shtator	*September*	septem'bër
Tetor	*October*	okto'bër
Nëntor	*November*	novem'bër
Dhjetor	*December*	disem'bër

STINËT - THE SEASONS

Pranverë	*Spring*	spring
Verë	*Summer*	sam'ër
Vjeshtë	*Autumn, fall*	o'tëmn, foll
Dimër	*Winter*	uin'tër

DATA - THE DATE

Çfarë dite është sot?	*What day is today?*	huat dej iz tudej'
Sot është e diel	*Today is Sunday*	tudej iz sandej'
Ç'ditë është nesër?	*What day is tomorrow?*	huat dej iz tëmorr'ou
Nesër është e hënë	*Tomorrow is Monday*	tëmorr'ou iz mandej'
Ç'ditë ishte dje?	*What day was yesterday?*	huat dej uas jes'tërdej

Dje ishte e hënë	*Yesterday was Tuesday*	jes'tërdej uaz tjus'dej'
Kur do të vish?	*When will you come?*	huen uill ju kam
Pas një jave	*After a week*	ef'tër e uik
Çfarë dite i bie?	*What day will it be?*	huat dej uill it bi?
E enjte	*Thursday*	thërz'dej
Në ç'ditë do të takohemi?	*On what day shall we meet?*	on huat dej sholl ui mit
Të premten	*On Friday*	on fraj'dej
E premtja është ditë pune	*Friday is a working day*	fraj'dej iz e uork'ing dej
Ç'datë është sot?	*What date is it today?*	huat dejt iz it tudej
Sot është 10 gusht 199...	*Today is the tenth of August 199...(nineteen hundred and ninety...)*	tudej iz dhë tenth ov o'gëst 199...(najntin' hand'red end najn'ti...)
Një minutë, ju lutem!	*Just a minute please*	Xhast e min'it plli'iz
Mos u vono	*Don't be late*	dont bi lejt
Nuk kam kohë	*I don't have time*	aj dont hev tajm
Kam plot kohë	*I have plenty of time*	aj hev plen'ti ov tajm
Është herët	*It is early*	it iz ër'li
Është vonë	*It is late*	it iz lejt
Ai erdhi në kohë	*He came on time*	hi kejm on tajm
në mëngjes	*in the morning*	in dhë mor'ning
ditën	*during the day*	dju'ring dhë dej
ditën tjetër	*the next day*	dhë nekst dej
natën	*during the night*	dju'ring dhë najt
natën a kaluar	*last night*	lest najt
në mesditë	*at noon*	et nun
pasdite	*in the afternoon*	in dhi ef'tërnun'
në mesnatë	*at midnight*	et mid'najt
dje	*yesterday*	jes'tërdej
sot	*today*	tudej'
nesër	*tomorrow*	tëmorr'ou
pasnesër	*the day after tomorrow*	dhë dej eftër tëmorr'ou
pardje	*the day before yesterday*	dhë dej bi'for jes'tërdej
këtë fundjave	*this weekend*	dhis uikend'
këtë javë	*this week*	dhis uik
javën që vjen	*in the next week*	in dhë nekst uik
javën e shkuar	*in the last week*	in dhë lest uik
tani	*now*	nau
në çast	*right now*	rajt nau

atëherë	*then*	dhen
këtë muaj	*this month*	dhis manth
muajin e kaluar	*in the last month*	in dhë lest manth
muajin e ardhshëm	*in the next month*	in dhë nekst manth
brenda dy muajve	*in two months*	in tu manths
brenda dy javëve	*in two weeks*	in tu uiks
në fillim të korrikut	*at the beginning of July*	et dhë bi'gining ov xhullaj'
në mesin e qershorit	*in the middle of June*	in dhë mid'ëll ov xhun
në fund të qershorit	*at the end of June*	et dhi end ov xhun
qëkur, prej kohësh	*long ago*	long ego'u
një vit më parë	*a year ago*	e jir ego'u
në vjeshtën e vonë	*in late fall, in autumn*	in lejt foll, in ë'tëmn
në verë	*in summer*	in sam'ër

MOTI - THE WEATHER

Çfarë moti është sot?	*How is the weather today?*	hau iz dhë uedh'ër tudej?
Sot është mot i mirë (i keq)	*The weather is nice (bad) today*	dhë uedh'ër iz najs (bed) tudej'
Po shndrit dielli	*The sun is shining*	dhë san iz shaj'ning
Si është parashikimi i kohës për nesër?	*What is the weather forecast for tomorrow?*	huat iz dhi uedh'ër for'kest for tëmorr'ou
Nesër pritet të bjerë shi	*It will probably rain tomorrow*	it will prob'ëbli rein tëmorr'ou
Sa është temperatura?	*What is the temperature?*	huat iz dhë tem'për'e-çër?
Sot bën ftohtë	*Today is cold*	tudej iz kold
Sot ka erë	*Today it is windy*	tudej it iz uin'di
Ka shumë lagështirë	*There is too much humidity*	dher iz tu maç hjumid'iti
Presioni i ajrit është i lartë	*The air pressure is high*	dhi er pre'zhër iz haj
Po bie dëborë	*It is snowing*	it iz snou'ing
Sot ka mjegull	*Today is foggy*	tudej iz fo'gi
bën ftohtë	*it is cold*	it iz kold
bën ngrohtë	*it is warm*	it iz uorm

Albanian	English	Pronunciation
bën fresk,	*it is cool*	it iz kull
bën nxehtë	*it is hot*	it iz hot
dëborë	*snow*	snou
- bie dëborë	*it is snowing*	it iz snou'ing
erë	*wind*	uind
- fryn erë	*it is windy*	it iz uin'di
keq (i, e)	*bad*	bed
lagështirë	*humidity*	hjumiditi'
lartë (i, e)	*high*	haj
mirë (i, e)	*good*	gud
mot	*weather*	uedh'ër
mjegull (ka)	*it is foggy*	it iz fo'gi
parashikim moti	*weather forecast*	uedh'ër for'kest
presion i ajrit	*air pressure*	er prezh'ër
shi	*rain*	rejn
- bie shi	*it is raining*	it iz rej'ning
- bie shi i imët	*it is drizzling*	it iz driz'ling
- bie shi i madh	*it is raining hard*	it iz rej'ning hard
	it is pouring	it iz pour'ing
temperaturë	*temperature*	tem'përeçër
ulët (i, e)	*low*	lou

SA ËSHTË ORA?
WHAT TIME IS IT?

Ora ime mbetet prapa	*My watch is slow*	maj uoç iz slou
Ora ime shkon para	*My watch is fast*	maj uoç iz fest
Sa është ora?	*What time is it?*	huat tajm iz it?
Ora është pesë	*It is five o'clock*	it iz fajv ëkllok'
Ora është pesë e dhjetë	*It is ten (minutes) past five*	it iz ten (min'its) past fajv
Ora është dhjetë	*It is ten o'clock*	it iz ten ëkllok'
Ora është dhjetë e një çerek	*It is a quarter past ten*	it iz e kuor'tër past ten
Ora është dhjetë e gjysmë	*It is half past ten*	it iz hef past ten
Ora është pesë pa dhjetë	*It is ten (minutes) to five*	it iz ten (min'its) tu fajv
Ora është gjashtë fiks	*It is exactly six o'clock*	it iz igzakt'li siks ëkllok'

Fjalë kalendarike - Calendarial words

ditë feste	*holiday*	holl'idej
ditë pune	*working day*	uork'ing dej
përditshëm (i,e)	*daily*	dej'li
epokë	*epoch*	i'pok
kohë moderne	*modern age*	mod'ern ejxh
erë	*era*	i'ra
përdyjavshëm (i, e)	*bi-weekly*	baj'uik'lli
përjavshëm (i, e)	*weekly*	uik'lli
kohë (historike)	*age*	ejxh
bashkëkohor	*contemporary*	këntem'përari
përkohshëm (i, e)	*temporary*	tem'përari
kohë antike	*antiquity*	entik'uiti
	ancient times	ejn'shënt tajms
	early times	ër'li tajms
mesjetë	*middle ages*	mid'dëll ejxhës
çdo dy muaj	*every two months*	ev'ri tu manths
dymujor	*bimonthly*	baj'manth'li
tremujor (mb.)	*quarterly*	kuortër'li
tremujor (em.)	*trimester, quarter*	trajmes'tër, kuor'tër
përmuajshëm (i, e)	*monthly*	manth'li
periodik	*periodical*	pi'riod'ikal
periudhë	*period*	pi'riod
periudhë e gjatë	*long period*	long pi'riod
periudhë e shkurtër	*short period*	short pi'riod
semestër	*half year*	hef jir
shekull	*century*	sen'çëri
në shekullin e dytë	*in the second century*	in dhë sek'ënd sen'çëri
para (pas) Krishtit	*before (after) Christ*	bifor (ef'tër) Kraist
vit i brishtë	*leap year*	lip jir
përvitshëm (i, e)	*annual*	en'juël

Kthimi i shkallës termometrike

1 gradë Farenhajt = *0.55 gradë Celsius*
1 gradë Celsius = *1.80 gradë Farenhajt*

Për të kthyer gradët Farenhajt në Celsius:

Nga numri i gradëve Farenhajt zbritet numri 32. Rezultati shumëzohet me 5 dhe pjestohet me 9. Për shëmbull: 80 gradë Farenhajt. Nga 80 zbresim 32 = 48. Rezultatin e shumëzojmë me 5 (32 X 5 = 240). Pjestojmë 240 me 9 dhe do të kemi gradët celsius (26.6 gradë celsius).

Për të kthyer gradët Celsius në Farenhajt:

Numri i gradëve Celsius shumëzohet me 9, pjestohet me 5 dhe rezultatit i shtohet numri 32, për shembull:
30 gradë Celsius - 30 X 9 = 270 : 5 = 54 + 32 = 86 gradë Farenhajt.

KONTAKTE SHOQËRORE
SOCIAL CONTACTS

PREZANTIMI
THE INTRODUCTION

Mund të prezanto-hem?	*May I introduce myself?*	mej aj introdjus' majself'
Unë quhem ...	*My name is ...*	maj nejm iz ...
Mund t'ju prezantoj z. Drini ju lutem?	*May I introduce to you Mr. Drini?*	mej aj introdjus' tu ju mister Drini?
Më lejoni t'ju njoh me zotin Smith	*Let me introduce you to Mr. Smith*	let mi introdjus' ju tu mist'ër Smith
Ky është zoti Drini	*This is Mr. Drini*	dhiz iz mis'ter Drini
Kjo është zonja Kodra	*This is Mrs. Kodra*	dhiz iz mis'is Kodra
Gëzohem që njihemi	*Glad to meet you*	gled tu mit ju
Nga ç'vend jeni?	*Where you are from?*	huer ju ar from
Unë jam nga Shqipëria	*I am from Albania*	aj em fron elbej'nia
Unë jam shqiptar	*I am Albanian*	aj em elbej'nian
Unë vij këtu për herë të parë	*I am here for the first time*	aj em hir for dhë fërst tajm
Jam i gëzuar që kam ardhur në vendin tuaj	*I am glad to come to your country*	aj em gled tu kam tu jur kën'tri
Unë kam qenë në New York	*I have been in New York*	aj hev bin in Nju Jork
Unë nuk kam qenë në Çikago	*I have not been in Chicago*	aj hev not bin in çika'go
Si po ju duket?	*How do you like it?*	hau du ju lajk it?
Më pëlqen	*I like it*	aj lajk it
Unë s'kam qenë në qytete të tjera	*I have not been in other cities*	aj hev not bin in o'dhër si'tiz
Kam qejf të vizitoj Uashingtonin	*I want to visit Washington*	aj uant tu vizit Uash'ingtën
Unë rri në hotel	*I am staying at a hotel*	aj em stej'ing et e hotel

gëzuar (i, e)	*glad*	gled
gëzohem që njihemi	*glad to meet you*	gled tu mit ju
kam nevojë	*to need*	tu nid
kontakt	*contact*	kon'tekt
ky (kjo) është	*this is*	dhiz iz
më lejoni	*let me*	let mi
ndihmoj	*to help*	tu help
pëlqej	*to like*	tu llajk
për herë të parë	*for the first time*	for dhë fërst tajm
përkthyes	*interpreter*	interpre'tër
prezantohem	*to be introduced*	tu bi introdjus'ëd
prezantoj	*to introduce*	tu introdjus'
rri, qëndroj	*to stay*	tu stej
shoqëror	*social*	sosh'ëll
vend, shtet	*country*	kën'tri
vij	*to come*	to kam
vizitoj	*to visit*	tu vi'zit

TAKIME
APPOINTMENTS

Mund të më caktoni një takim?	*Can you give me an appointment?*	ken ju giv mi ën apoint'ment
Ku (kur) mund të takohemi?	*Where (when) can we meet?*	huer (huen) ken ui mit
Mund të lëmë një orë?	*Can we fix a time?*	ken ui fiks e tajm
Ç'thoni për n'orën 5?	*How about 5 o'clock?*	hau ebaut fajv okllëk
Shumë mirë	*It is fine*	it iz fajn
Ku do të jeni?	*Where will you be?*	huer uill ju bi
Do të jem në shtëpi	*I will be at home*	aj uill bi et houm
Ku banoni?	*Where do you live?*	huer du ju liv
Si mund të vij tek ju?	*How can I get to your place?*	hau ken aj get tu jur plejs
Sa do të qëndroni këtu?	*How long would you be here?*	hau long ud ju bi hir
Do të qëndroj këtu deri në fund të muajit	*I shall stay here until the end of this month*	aj sholl stej hir antill' dhi end ov dhis manth

Shihemi kësaj jave	*See you this week*	si ju dhis uik
Ejani në mëngjes	*Come in the morning*	kam in dhë mor'ning
Do t'ju pres nga ora 3	*I will be waiting for you*	aj uill bi uej'ting for ju
deri në 4 pasdite	*between 3 and 4 p.m.*	bituin' 3 end 4 pi em
Ejani fiks në orën 10	*Come at 10 sharp*	kam et ten sharp
Do të vij më herët	*I shall be earlier*	aj sholl bi ër'lier
Unë erdha në kohë	*I came on time*	aj kejm on tajm
Ju erdhët tepër vonë	*You came too late*	ju kejm tu lejt
Bëhem gati për një	*I will be ready in*	aj uill bi re'di in e
minutë	*a minute*	mi'nit
Jeni i zënë sonte?	*Are you busy tonight?*	ar ju bi'zi tunajt
Do të doja t'ju ftoja	*I would like to invite*	aj ud llajk tu invajt' ju
për drekë	*you for lunch*	for llançë
Më vjen keq, por do	*Sorry, but I will*	sorri bat aj uill bi
të jem i zënë	*be busy*	bizi
Mirë, unë jam i lirë	*Very good, I am free*	veri gud, aj em fri
A mund t'ju përcjell?	*May I see you home?*	mej aj si ju houm
Me gjithë qejf, pse jo	*Willingly, why not*	uilling'li, huaj not
Po, me kënaqësi	*Yes, with pleasure*	jes, uith ple'zhër

banoj	*to live*	tu liv
caktoj	*to fix*	to fiks
deri	*until*	antill
ftoj	*to invite*	tu invajt'
këtu	*here*	hir
kohë (sa)	*how long*	hau long
ku	*where*	huer
kur	*when*	huen
lirë (i, e)	*free*	fri
me gjithë qejf	*willingly*	uilling'li
me kënaqësi	*with pleasure*	uith ple'zhër
ndodhem	*to be*	to be
përcjell në shtëpi	*to see home*	tu si houm
pres	*to wait*	tu uejt
shihemi përsëri	*see you again*	si ju egen'
shtëpi (në)	*at home*	et houm
takoj	*to meet?*	tu mit
takim	*appointment*	apoint'ment
zënë (i, e)	*busy*	bi'zi

BISEDA
CONVERSATIONS

A mund të flas me ju?	*May I speak to you?*	mej aj spik tu ju
Do të doja të flisja me ju	*I would like to speak to you*	aj ud lajk tu spik tu ju
Jeni shumë i zënë?	*Are you very busy?*	ar ju ve'ri bi'zi?
Më falni, jam i zënë	*Excuse me, I am busy*	ek'skjuz mi, aj em bi'zi
Më jepni, ju lutem, adresën tuaj	*Please, give me your address*	plli'iz giv mi jur ëdres'
Më falni, ç'numër telefoni keni?	*Sorry, what is your telephone number?*	sorri, huat iz jur tel'ëfon nam'bër
Të flasim për çështjen	*Let's get to the point*	lets get tu dhë point
Do të doja të sqaroja çështjen lidhur me ...	*I would like to clear up the point of ...*	aj ud llajk tu kliër ap dhë pojnt ov ...
Po në lidhje me ...?	*What (How) about ...?*	huat (hau) ëbaut ...
Besoj se çështjen duhet ta quajmë të mbyllur	*I believe we can consider the matter closed*	aj bi'liv ui ken konsi'dër dhë me'tër klou'zëd
Jeni dakord?	*Do you agree?*	du ju egri'
Mendim i mirë	*Good idea*	gud ajdia'
S'jam plotësisht i një mendimi me ju	*I don't entirely agree with you*	aj dont entajër'li egri' uith ju
Vërtet?	*Indeed?*	indid'
	Really?	ri'ëlli
E keni seriozisht?	*Are you serious?*	ar ju sir'jëz
Keni të drejtë	*You are right*	ju ar rajt
S'është e vërtetë	*Nothing of the kind*	no'thing ov dhë kajnd
E keni gabim	*You are wrong*	ju ar rong
Kjo s'është aspak kështu	*No, it is not that way at all*	nou, it iz not dhet uej et oll
Kjo përjashtohet krejtësisht	*It is out of the question*	it iz aut ov dhë kues'çën
S'jam dakord me ju besoj	*I don't agree with you to believe*	aj dont egri' uith ju tu bi'liv

32

çështje	*matter, question*	me'tër, kuesç'ën
dakord (jam)	*to be agree*	tu bi egri'
e dyta	*in the second place*	in dhë sek'ënd plejs
e keni gabim	*you are wrong*	ju ar rong
e para	*in the first place*	in dhë fërst plejs
flas	*to speak*	tu spik
gaboheni	*you are mistaken*	ju ar mistej'kën
jam i sigurt se ...	*I am sure that ...*	aj em shur dhet ...
kam frikë se ...	*I am afraid that ...*	aj em e'frejd dhet ...
keni të drejtë	*you are right*	ju ar rajt
kjo përjashtohet	*it is out of the*	it iz aut ov dhë
krejtësisht	*question*	kues'çën
konsideroj	*to consider*	tu konsi'dër
kujtoj se jo	*I am afraid not*	aj em e'freid not
largohu që këtej	*go away*	go euej'
mbyllur (i, e)	*closed*	klou'zëd
mendim i mirë	*good idea*	gud ajdia'
mendoj se	*I think that*	aj think dhet
më lini të qetë	*leave me in peace*	liv mi in pis
mjaft e drejtë	*that is fair enough*	dhet iz fer inaf'
nga ana tjetër	*on the other hand*	on dhi o'dhër hend
nga njëra anë	*on the one hand*	on dhi uan hend
nuk kam dyshim se ...	*I have no doubt that ...*	aj hev no daut dhet
përkundrazi	*on the contrary*	on dhë kontr'ëri
pikërisht ashtu	*exactly*	ikzekt'li
plotësisht	*entirely*	entajër'li
puna është se .	*the point is that ...*	dhë pojnt iz dhet
s'është e drejtë	*it is not fair*	it iz not fer
s'është e vërtetë	*nothing of the kind*	no'thing ov dhë kajnd
s'jam dakord	*I don't agree*	Aj dont egri'
sqaroj	*to clear*	tu kliër
vërtet	*indeed*	indid'
	really	ri'ëlli
zor se ka të ngjarë	*it is hardly possible*	it iz hard'li posibëll

33

KONTROLLI I PASAPORTAVE
PASSPORT CONTROL

Nga cili vend vini?	*Where have you come from?*	huer hev ju kam from
Unë vij nga Shqipëria	*I came from Albania*	aj kejm from elbej'nia
Unë kam ardhur me Albania Airline	*I came on Albania Airlines*	aj kejm on elbej'nia er'lajnz
Ja pasaporta ime	*Here is my passport*	hir iz maj pes'port
Si e keni mbiemrin?	*What is your last name?*	huat iz jur lest nejm
Mbiemrin e kam Guri	*My last name is Guri*	maj lest nejm iz guri
Po emrin?	*And your first name?*	end jur fërst nejm
Emri im është Marin	*My first name is Marin*	maj fërst nejm is marin
Unë kam vizë pune	*I have a business visa*	aj hev e biz'nes vi'za
Kam ardhur për vizitë te miqtë e mi	*I have come to visit my friends*	aj hev kam tu vi'zit maj frends
Vizën ma dha Ambasada Amerikane në Tiranë	*The visa was granted by the American Embassy in Tirane*	dhë viza uoz gren'tëd baj dhi amer'ikën em'basi in tiranë
Viza është e vlefshme për 6 muaj	*The visa is good for 6 months*	dhë vi'za iz gud for siks manths
Nuk e di sa do të qëndroj këtu	*I don't know how long I will be here*	aj dont nou hau long aj uill bi hir
Mendoj, deri sa të mbaroj punë	*I guess, until I finish my business*	aj gës, antill' aj fin'ish maj biz'nes
Mund të ma shtyni vizën ju lutem?	*Could you extend my visa please?*	kud ju ikstend' maj vi'za plli'iz
Unë jam vetëm	*I am alone*	aj em eloun'
Unë jam bashkë me burrin	*I am with my husband*	aj em uith maj haz'bend
Kam ardhur me gruan dhe fëmijën	*I have come with my wife and my child*	aj hev kam uith maj uajf end maj çajld
Fëmija është shënuar në pasaportën e gruas	*My child is on my wife's passport*	maj çajld iz on maj uajfs pesport

Unë do të qëndroj	*I will stay in*	aj uill stej in
në Nju Jork	*New York*	nju jork
Fillimisht do të jetoj	*At first I will stay at*	et first aj uill stej et
në hotel	*the hotel*	dhë hotel
S'e di akoma adresën	*I don't know my per-*	aj dont nou maj për'-
time të përhershme	*manent address yet*	manent e'dres jet
Do të shkoj edhe	*I am going to travel*	aj em going tu trev'ël
në qytete *t*ë tjera\	*to other cities*	tu odh'ër sit'is

aeroplan	*airplane*	er'plejn
aeroport	*airport*	er'port
ambasadë	*embassy*	em'bësi
amerikan	*american*	amer'ikën
fluturim	*flight*	fllajt
fluturoj	*to fly*	to fllaj
jap vizë	*to grant the visa*	tu grent dhë vi'za
kam	*to have*	tu hev
kontroll pasaportash	*passport control*	pes'port kontrol
linjë ajrore	*airline*	er'llajn
mbërrij	*to arrive*	tu errajv
mbërritje	*arrival*	erraj'vëll
mik	*friend*	frend
nëpunës imigracioni	*Immigration officer*	imigrej'shën o'fisër
pasaportë	*passport*	pes'port
për punë	*on business*	on biz'nes
refugjat	*refugee*	refjuxhi'
studioj	*to study*	tu sta'di
vetëm	*alone*	eloun'
vij	*to come*	tu kam
vizë pune	*business visa*	biz'nes vi'za
vizë turisti	*tourist visa*	tur'ist viza
vizën ma dhaë	*visa was granted by*	viza uoz gren'tëd baj
vlefshëm (i, e)	*valid*	val'id
zgjas	*to extend*	tu ikstend'

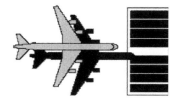

Ku të marr një formular deklarimi?	*Where can I get a declaration form?*	huer ken aj get e diklarej'shën form
Ç'duhet të shkruaj?	*What do I write here?*	huat du aj rajt hir
Ku të nënshkruaj?	*Where should I sign?*	huer shud aj sajn
Ja deklarata ime	*Here is my declaration*	hir iz maj diklarej'shën
Ja plaçkat e mia	*Here are my things*	hir ar maj things
Ja i gjithë bagazhi im	*This is all my baggage*	this iz oll maj beg'ixh
Kam shumë bagazh	*I have got a lot of baggage*	aj hev got e lot ov beg'ixh
S'kam plaçka të tjera	*I have nothing else*	aj hev no'thing ells
Kam vetëm një çantë për ta mbajtur në dorë	*I have only one bag to carry on*	aj hev onlli uan beg tu ke'rri on
S'kam sende të ndaluara në bagazhin tim	*There are no prohibited things in my baggage*	ther ar nou prohibi'tëd things in maj beg'ixh
Ku ta vendos çantën?	*Where should I put my bag?*	huer shud aj put maj beg
Duhet ta hap çantën?	*Should I open my bag?*	shud aj oup'ën maj beg
Mund ta mbyll çantën?	*May I close my bag?*	mej aj klouz maj beg
Kam vetëm sendet e mia personale	*I have only my personal belongings*	aj hev on'lli maj per'sonal bilong'ings
Kam disa dhurata të vogla për miqtë	*I have some small presents for my friends*	aj hev sam smoll prezents for maj frends
Mos duhet të paguaj taksë për këto sende?	*Do I have to pay duty on these things?*	du aj hev tu pej dju'ti on dhi'iz things
Sa taksë më duhet të paguaj?	*How much do I have to pay in duty?*	hau maç du aj hev tu pej in dju'ti
S'kam me vete para amerikane	*I have no American money*	aj hev nou amer'ikan man'i
Ja dhe fatura për pagimin e taksës	*Here is the receipt for the duty payment*	hir iz dhë risit for dhë dju'ti pejment
bagazh	*baggage, luggage*	beg'ixh, llag'ixh
çantë	*bag*	beg

deklaratë	*declaration*	dekla'rejshën
dhuratë	*present, gift*	pre'zent, gift
doganë	*customs*	kës'tëms
faturë	*receipt*	risit
formular deklarimi	*declaration form*	diklarej'shën form
mbaj në dorë	*to carry on*	to ke'rri on
ndaluar (i, e)	*prohibited*	prohibi'tëd
nënshkruaj	*to sign*	to sajn
paguaj	*to pay*	tu pej
plaçka	*things*	things
sende personale	*personal belongings*	per'sonal bilong'ings
shumë	*a lot of*	e lot ov
taksë	*duty*	dju'ti
vendos çantën	*to put*	to put

DHOMA E BAGAZHIT
BAGGAGE CHECKROOM

Ku është salla e bagazhit?	*Where is the baggage area?*	huer iz dhë beg'ixh ejri'a
Ku të gjejë një karrocë për bagazhin?	*Where can I get a baggage cart?*	huer ken aj get e beg'ixh kart
Sa duhet paguar për karrocën?	*How much does the cart cost?*	hau maç daz dhë kart kost
Ku është dhoma e ruajtjes së plaçkave?	*Where is the baggage checkroom?*	huer iz dhë beg'ixh çek'rum
Mund t'i lë plaçkat për t'i ruajtur këtu?	*Can I check these things here?*	ken aj çek thiz things hir
Ja bagazhi im	*Here is my baggage*	hir iz maj beg'ixh
Deri kur mund t'i lë plaçkat për ruajtje?	*How long can you keep these things?*	hau long ken ju kip this things
Si është orari i dhomës së ruajtjes?	*What are the hours of the baggage checkroom?*	huat ar dhë haurs ov dhë beg'ixh çek'rum
Dua t'i marr plaçkat nga dhoma e ruajtjes	*I would like to take my things out from the checkroom*	aj ud lajk tu tejk maj things aut from dhë çek'rum

deri kur	*how long*	hau long
dhomë e ruajtjes	*baggage checkroom*	beg'ixh çek'rum
karrocë bagazhi	*baggage cart*	beg'ixh kart
marr	*to take*	tu tejk
mbaj	*to keep*	tu kip
ruaj	*to check*	tu çek
sallë bagazhi	*baggage area*	beg'ixh ejri'a
tiketë kontrolli	*baggage check*	beg'ixh çek
valixhe	*suitcase*	sutkejs

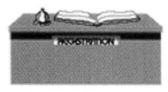

ZYRA E INFORMACIONIT
INFORMATION DESK

Më falni, ku ndodhet zyra e informacionit?	*Excuse me, where is the information desk?*	ek'skjuz mi, huer iz dhë informej'shën desk
Më falni, si të shkoj në zyrën e informacionit?	*Excuse me, how do I get to the information desk?*	ek'skjuz mi hau du aj get tu dhë informej'shën desk
Aeroplani ynë erdhi vonë	*Our flight was late*	aur flajt uaz lejt
Mos keni ndonjë mesazh për mua?	*Is there any message for me?*	iz dher eni me'sixh for mi
Mund t'i thërrisni këta njerëz për mua?	*Will you page these people for me please?*	uill ju pejxh thi'iz pip'ëll for mi plli'iz
Duhet të bëj një fluturim të brendshëm	*I have to make a connecting flight*	aj hev tu mejk e kënek'ting flajt
Mund të më tregoni si të shkoj në aeroportin tjetër?	*Can you tell me how to get to the other airport?*	ken ju tell mi hau tu get tu dhi odhër er'port
Si mund të telefonoj në një qytet tjetër?	*How can I make a phone call to another city?*	hau ken aj mejk e fon koll tu ena'dhër si'ti
Ku të gjejë informacion për hotelet?	*Where can I get information about hotels?*	huer ken aj get informej'shën eba'ut hotels'
Si mund të shkoj në hotelin Astoria?	*How do I get to Astoria Hotel?*	hau du aj get tu Asto'ria hotel'
Si të shkoj, ju	*Please how can I*	plli'iz hau ken aj

lutem, në qendër të qytetit?	*get to the center of the city?*	get tu dhë sen'tër of dhë si'ti
Mund të shkoj në qytet me autobus?	*Can I get to the city by the bus?*	ken aj get tu dhë siti baj dhë bas
Ku është stacioni i autobusit?	*Where is the bus stop?*	huer iz dhë bas stap
Mund të shkoj në qytet me tren?	*Can I get to the city by train?*	ken aj get tu dhë siti baj trein
Ku është stacioni i trenit?	*Where is the train station?*	huer iz dhë trein stejshën
Ku të gjejë një taksi?	*Where can I get a taxi?*	huer ken aj get e teksi
Ku është vend-qendrimi i taksive?	*Where is the taxi stand?*	huer iz dhë tek'si stend
Ku është dalja nga aeroporti?	*Where is the airport exit?*	huer iz dhë er'port egzit'

fluturim i brendshëm	*connecting flight*	kënek'ting flajt
kërkoj informacion	*to ask information*	tu esk informej'shën
marr informacion	*to get information*	tu get informej'shën
mesazh	*message*	me'sixh
njerëz	*people*	pip'ëll
si të shkoj në	*how do I get to*	hau du aj get tu
them, tregoj	*to tell*	tu tell
therras me radio	*to page*	to pejxh
zyrë informacioni	*information desk*	informej'shën desk

SHKËMBIM MONEDHASH
MONEY EXCHANGE

Ka ndonjë zyrë shkëmbimi në aeroport?	*Is there any exchange office in the airport?*	iz dher eni iksçej'nxh o'fis in dhi er'port
A këmben para kjo bankë?	*Does this bank change money?*	daz dhiz benk çej'nxh ma'ni
Dua të shkëmbej ca monedha shqiptare në monedha amerikane	*I would like to exchange some Albanian money for American money*	aj ud lajk tu iksçej'nxh sam elbej'nian ma'ni for amer'ikan ma'ni

39

Dua t'i kthej paratë e mia në dollarë	*I want to change my money into dollars*	aj uant tu çejnxh maj ma'ni intu' da'llërs
Sa është kursi zyrtar i shkëmbimit?	*What is the official exchange rate?*	huat iz dhi ofish'ëll iksçej'nxh rejt?
Sa është tarifa për këmbim monedhash?	*What is the fee for changing money?*	huat iz dhë fi for çejn'xhing ma'ni
Ju lutem ma thyeni këtë kartmonedhë?	*Can you change this bill for me, please?*	ken ju çejnxh dhis bill for mi plli'iz
Më duhen të imta për të bërë telefon	*I need change for a phone call*	aj nid çejnxh for e fon koll
Keni ndonjë dokument identifikimi?	*Do you have an identification document?*	du ju hev en identifikej'shën do'kjëment?
Ja, pasaporta ime	*Here is my passport*	hir iz maj pes'port
Firmoseni këtë faturë, ju lutem!	*Sign this receipt, please!*	sajn dhis risit', plli'iz

një dollar (100 centë)	*one dollar (100 cents)*	uan da'llër (uan han'dred sents)
gjysëm dollari (50 centë)	*half dollar (50 cents)*	hef da'llër (fif'ti sents)
çerek dollari (25 centë)	*quarter (25 cents)*	kuor'tër (tuen'ti fajv sents)
dhjetëcentësh	*dime (10 cents)*	dajm (ten sents)
pesëcentësh	*nickel (5 cents)*	ni'këll (fajv sents)
cent	*a cent*	e sent
bankë	*bank*	benk
dokument identifikimi	*identification document*	identifikej'shën-do'kjëment?
këmbej paratë	*to change the money*	to çej'nxh dhë ma'ni
këmbim monedhe	*money exchange*	ma'ni iksçej'nxh
kurs zyrtar këmbimi	*official exchange rate*	ofish'ëll iksçej'nxh rejt
tarifë	*fee*	fi
të imta	*change*	çejnxh
zyrë këmbimi	*exchange office*	iksçej'nxh o'fis

Transporti dhe Trafiku
Transportation and Traffic

Tabelat e rrugës
The Road signs

ROAD SIGNS	*roud sajns*	Tabelat e rrugës
ARRIVAL	*erraj'vël*	Mbërritje
BEWARE OF CARS!	*biuër' of kars*	Ruhuni nga makinat
BUS STOP	*bas stap*	Ndalesë autobusi
DANGER	*dejn'xhër*	Rrezik
DANGEROUS CURVE	*dejn'xherous kërv*	kthesë e rrezikshme
DEPARTURE	*dipar'çër*	Nisje
DON'T SPEAK TO	*do'unt spik tu dhi*	Mos i flisni
THE OPERATOR	*op'ërejtër*	shoferit
DON'T WALK	*dont uok*	Mos kalo
EXIT	*eg'zit*	Dalje
KEEP LEFT	*kip left*	Mbaj majtas
KEEP RIGHT	*kip rajt*	Mbaj djathtas
MAXIMUM SPEED	*mek'simum spid*	Shpejtësia maksimale
NO OVERTAKING	*no ovërtejk'ing*	Ndalohet parakalimi
NO PARKING	*no park'ing*	Ndalohet parkimi
ONE WAY TRAFFIC	*uan uej tref'ik*	Rrugë me një drejtim
PARKING AREA	*park'ing ejri'a*	Zonë për parkim
REDUCED SPEED	*ridjus'ëd spid*	Kufizim shpejtësie
REGULAR STOP	*re'gular stap*	Ndalesë e rregullt
REQUESTED STOP	*rikuest'ëd stap*	Ndalesë e kërkuar
ROAD CLOSED FOR	*roud klouz'ëd for*	Rrugë e mbyllur për
REPAIRS	*ripers'*	riparime
SINGLE LANE	*sin'gëll llejn*	në një korsi
STAY BEHIND	*stej bihajnd*	rri prapa
STOP	*stap*	Ndal, ndalesë
TWO LANE TRAFFIC	*tu llejn tref'ik*	Lëvizje në dy korsi
TWO WAYS TRAFFIC	*tu uejs tref'ik*	Rrugë me dy drejtime
WALK	*uok*	Kalo

Si të pyesim për rrugën
How to ask the way

Mund t'ju pyes për rrugën ju lutem?	*May I ask you the way please?*	mej aj esk ju dhi uej plli'iz
Po përpiqem të gjejë këtë adresë	*I am trying to locate this address*	aj em traj'ing tu lokejt' dhis edres'
S'e di rrugën	*I don't know the way*	aj dont nou dhi uej
Kam humbur rrugën	*I have lost my way*	aj hev lost maj uej
Unë jam i ardhur	*I am a stranger*	aj em e strejnxh'ër
Si quhet, ju lutem, ky hotel?	*What's the name of this hotel please?*	huat iz dhë nejm of dhis hotel' plli'iz
Më falni, mund të më thoni, ku ndodhet ky hotel?	*Excuse me, can you tell me where this hotel is?*	ek'skjuz mi, ken ju tell mi huer dhiz hotel iz
Hoteli ndodhet afër sheshit	*The hotel is near the square*	dhë hotel' iz nir dhë skuer
Shtëpia ndodhet pas katër blloqesh	*The house is four blocks away*	dhë hauz iz for bloks uej
Në ç'drejtim duhet të eci?	*In what direction must I go?*	in huat direk'shën mast aj gou?
Mund të më thoni si të shkoj në farmaci ?	*Can you tell me the way to the pharmacy?*	ken ju tell mi dhë uej tu dhë far'masi
Është larg prej këtej?	*Is it far from here?*	iz it far from hir
Është larg në këmbë?	*Is it too far to walk?*	iz it tu far tu uok
Shkoj dot në këmbë?	*Can I walk there?*	ken aj uok ther
Duhet të shkoj me metro apo autobus?	*Do I have to take a bus or subway?*	du aj hev tu tejk e bas or sab'uej
Cila është rruga më e shkurtër për në qendër?	*What is the shortest way to the center?*	huat iz dhë shor'test uej tu dhë sen'tër
Ma tregoni, ju lutem, në hartë si mund të shkoj deri atje	*Can you show me how to get there on this map, please?*	ken ju shou mi hau tu get dher on dhis mep plli'iz
Ma shkruani, ju lutem, adresën	*Write down the address for me, please*	rajt daun dhi e'dres for mi, plli'iz

ardhur (i)	*stranger*	strejn'xhër
atje	*there*	dher
avenju	*avenue*	ev'ënju
di	*to know*	tu nou
eci në këmbë	*to walk*	tu uok
humb	*to lose*	tu lluz
kaloj rrugën	*to cross the street*	tu kros dhë strit
kërkoj	*to search*	tu sërç
këtu	*here*	hir
kthehem prapa	*to turn back*	tu tërn bek
kthej djathtas	*to turn to the right*	tu tërn tu dhë rajt
kthej majtas	*to turn to the left*	tu tërn tu dhë left
kthej	*to turn*	tu tërn
larg	*far*	far
larg që këtej	*far from here*	far from hir
majtas	*to the left*	tu dhë left
në të djathtë	*on the right-hand side*	on dhë rajt-hend sajd
në të majtë	*on the left-hand side*	on dhë left-hend sajd
përcaktoj (vendin)	*to locate*	tu lokejt'
përpiqem	*to try*	tu traj
pyes	*to ask*	tu esk
qendër	*center*	sen'tër
qoshe	*corner*	kor'nër
rreth e qark	*around*	eraund'
rrugë-kryq	*cross-road*	kros-roud
shesh	*square*	sku'er
shkoj andej	*to go that way*	to gou dhet uej
shkoj këtej	*to go this way*	tu gou dhis uej
shkoj me autobus	*to go by bus*	to gou baj bas
shkoj me biçikletë	*to go by bicycle*	tu gou baj baj'sikëll
shkoj me makinë	*to go by car*	to gou baj kaar
shkoj me tren	*to go by train*	tu gou baj trejn
shkoj në këmbë	*to go on foot*	tu gou on fut
shkurtër (i, e)	*short*	short
shkurtër (më i/e)	*shortest*	shor'test
shoh	*to see*	tu si
stacion metroje	*subway station*	sab'uej stej'shën
stacion	*station*	stej'shën
stacion treni	*train station*	trein stej'shën
them, tregoj	*to tell*	to tell
tjetri	*next*	nekst
trego (më)	*show me*	shou mi
tregoj	*to show*	tu shou
trotuar	*sidewalk*	sajd'uok
vend	*place*	plejs

Autobusi
The bus

Ku është stacioni i autobusit?	*Where is the bus stop?*	huer iz dhë bas stap
Ku ndalet autobusi N° 5?	*Where is the stop of bus number 5?*	huer iz dhë stap ov bas nam'bër fajv
Më falni, ndalen këtu autobusat?	*Excuse me, do buses stop here?*	ek'skjuz mi, du ba'siz stap hir
Ku mund të gjejë një hartë të autobusave?	*Where can I get a bus-map?*	huer ken aj get e bas-mep
Si quhet ky stacion autobusi?	*What is the name of this bus stop?*	huat iz dhë nejm ov dhiz bas stap
Me ç'autobus shkohet poshtë në qytet?	*Which bus should I take downtown?*	huiç bas shud aj tejk daun'taun
Sa kushton bileta?	*How much is the fare?*	hau maç iz dhë far
Ku mund të blejë një xheton për autobus?	*Where can I buy a token for the bus?*	huer ken aj baj e tok'ën for dhë bas
Një xheton, ju lutem	*One token, please*	uan tok'ën, plli'iz
Ky është autobusi N° 55?	*Is this bus number 55?*	iz dhiz bas nam'ber fif'ti fajv
Shkon ky autobus lart?	*Does this bus go uptown?*	daz dhis bas go ap'taun
Mund të më thoni, ju lutem, në ç'stacion duhet të zbres?	*Could you tell me, please, at what stop should I get off?*	kud ju tell mi, plli'iz et huat stap shud aj get of
Do të zbrisni në stacionin tjetër?	*Are you getting off at the next stop?*	ar ju get'ing of et dhë nekst stap
Do të zbrisni?	*Are you getting off?*	are ju get'ing of
Mund të më jepni një biletë transferimi?	*Can I have a transfer ticket?*	ken aj hev e trens'fer tik'it

afërt (më i)	*nearest*	nir'est
autobus	*bus*	bas
biletë	*ticket*	tik'it
bil. transferimi	*transfer ticket*	trens'fer tik'it
blej	*to buy*	tu baj
dal	*to get out*	tu get aut

futem brenda	*to get in*	tu get in
hartë e autobuzave	*bus-map*	bas-mep
hartë	*map*	mep
lart (në qytet)	*uptown*	ap'taun
marr autobuzin	*to take the bus*	tu tejk dhë bas
ndalesë e kërkuar	*requested stop*	rikuest'ëd stap
ndalesë e rregullt	*regular stop*	re'gular stap
ndalesë	*stop*	stap
ndaloj	*to stop*	tu stap
ndrroj	*to change*	tu çejnxh
në qëndër	*in the center*	in dhë sen'tër
poshtë (në qytet)	*downtown*	daun'taun
shërbim autobuzash	*bus service*	bas ser'vis
shofer autobusi	*operator*	op'ërejtër
shofer	*driver*	draj'vër
xheton	*token*	to'kën

Metroja
The Subway

Ku është stacioni i metros?	*Where is the subway station?*	huer iz dhë sab'uej stej'shën?
Sa kushton një xheton?	*How much does a token cost?*	hau maç daz e tok'ën kost?
Cili tren shkon lart (poshtë)?	*Which is the uptown (downtown) train?*	huiç iz dhi ap'taun (daun'taun) trejn
Sa ndalesa ka deri në.rrugën 10?	*How many stops are there until 10th street?*	hau meni staps are dhere antill tenth strit
Ku duhet të ndërroj tren?	*Where do I change trains?*	huer du aj çejnxh trejns
Ku duhet të ndalem?	*Where do I get off?*	huer du aj get of
Ku duhet të marr një biletë për autobus?	*Where do I get a bus transfer?*	huer du aj get e bas trans'fer
Më lejoni, ju lutem, të kaloj	*Excuse me, can you let me pass?*	ek'skjuz mi, ken ju let mi pes
Ku është dalja për në Medison avenju?	*Where is the exit to the Madison Avenue?*	huer iz dhi eg'zit tu dhë me'dison e'vënju

dalje	exit	eg'zit
kaloj	to pass	tu pes
metro	subway	sab'uej
ndërroj	to change	tu çejnxh
paguaj	to pay	tu pej
tarifë	charge, toll, fare	çarxh, toll, far
treni për lart	uptown train	ap'taun trejn
treni për poshtë	downtown train	daun'taun trejn

Taksija
The taxi

Ku është stacioni i taksive?	Where is the taxi stand?	huer iz dhë tek'si stend?
Si të thërras një taksi?	How can I call a taxi?	hau ken aj koll e tek'si
Ç'numër telefoni ka parku i taksive?	What is the phone number of the taxi garage?	huat iz dhë fon nam'bër ov dhë tek'si gërazh'
A mund të telefonoj për një taksi?	Can I telephone for a taxi?	ken aj tel'ëfon for e tek'si
Mund të më dërgoni një taksi?	Can you send me a taxi?	ken ju send mi e tek'si
Ndodhem në ...	I am at ...	aj em et ...
Dua një taksi për në ...	I want a taxi to go to ...	aj uant e tek'si tu gou
tu Jeni i lirë?	Hello! Are you free?	hell'ou, ar ju fri
Futuni brenda	Get in	get in
Më çoni në këtë adresë ju lutem	Take me to this address please	tejk mi tu dhis edres' plli'iz
Më shpejt, ju lutem	Hurry up, please	ha'rri ap, plli'iz
Ndalni këtu, ju lutem	Stop here, please	stap hir, plli'iz
Unë do të zbres këtu	I will get out here	aj uill get aut hir
Sa duhet të paguaj?	How much do I owe you?	hau maç du aj ou ju
Mbajeni kusurin	Keep the change	kip dhë çejnxh

dal	*to get out*	tu get out
futem brenda	*to get in*	tu get in
mbani kusurin	*keep the change*	kip dhë çejnxh
ndaloj	*to stop*	tu stap
park i taksive	*taxi garage*	tek'si gërazh'
pasagjer	*passenger*	pes'ënxher
stacion i taksive	*taxistand*	tek'sistend
taksi	*taxi*	tek'si
thërras	*to call*	tu coll
zbres	*to get off*	tu get of

Treni
The train

Ju lutem, ku ndodhet stacioni i trenit?	*Please, where is the train station?*	plli'iz, huer iz dhë trejn stej'shën
Ku mund ta shoh orarin e trenave?	*Where can I see the schedule?*	huer ken aj si dhë ske'xhëll
Kur niset treni për në Boston?	*When does the train to Boston leave?*	huer daz dhë trejn tu Bos'tën li'iv
Jemi në kohë	*We are on time.*	ui ar on tajm
Jemi vonë	*We are late.*	ui ar lejt
Mua më la treni	*I have missed the train*	aj hev mis'sëd dhë trejn
Kur është treni tjetër?	*What time is the next?*	huat tajm iz dhë nekst
Dua një biletë vajtje-ardhje për në Boston	*I want a round trip ticket to Boston*	aj uant e raund trip tik'it tu Bos'tën
Sa kushton një biletë për në Boston?	*How much is a ticket to Boston?*	hau maç iz e tik'it tu Bos'tën
Ku mund ta lë bagazhin?	*Where can I check my luggage?*	huer ken aj çek maj lag'ixh
Dua ta lë këtë valixhe në dhomën e ruajtjes së bagazhit	*I would like to leave this suitcase in the baggage checkroom*	aj ud lajk tu liv dhis sut'kejs in dhë beg'ixh çek'rum
Ju lutem, ku është salla e pritjes?	*Please, where is the waiting room?*	plli'iz, huer iz dhi uejt'ing rum
Sa do treni të niset?	*How long is it before*	hau long iz it bi'for

	the train leaves?	dhë trejn li'ivz
Sa kohë do treni	*How long does it take*	hau long daz it tejk
deri në Boston?	*to get to Boston?*	tu get tu Bos'tën
Kalon ky tren	*Does this train go*	daz dhis trein gou
nëpër .Springfild?	*through Springfield?*	thru spring'filld
Ku është vagoni Nr. 4?	*Where is car number 4?*	huer iz kar nam'bër for
Ku është shoqëruesi?	*Where is the conductor?*	huer iz dhë kën'daktër
Ju lutem, më tregoni	*Please, show me my*	plli'iz, shou mi maj
vendin tim	*seat*	sit
A është i lirë ky vend?	*Is this seat free?*	iz dhis sit frii
Jo, është i zënë	*No, it is taken*	nou, it iz tejkën
Ky vend është i lirë,	*This seat is free, you*	dhiz sit iz frii, ju mej
mund të uleni.	*may take it*	tejk it
Sa kohë do të	*How long do we stop*	hau long du ui stap
qëndrojmë këtu?	*here?*	hir
Mund të pij cigare?	*Can I smoke here?*	ken aj smouk hir
Ndalohet duhani	*Smoking is not allowed*	smoking iz not elloud'
Mund t'i ndrrojmë	*Can we change our*	ken ui çejnxh aur
vëndet	*seats?*	sits
Ku është bufeja?	*Where is the buffet?*	huer iz dhë bufe'
Ku është vagoni	*Where is the restaur-*	huer iz dhë res'tërant
restorant?	*ant car?*	kar
Ju lutem, më thoni	*Please, tell me when*	plli'iz, tell mi huen
kur duhet të zbres	*I should get off*	aj shud get of
Më ka humbur bileta	*I have lost my ticket*	aj hev lost maj tik'it
Sa duhet të paguaj?	*How much do I owe*	hau maç du aj ou
	you?	ju

biletë	*ticket*	tik'it
biletë vajtje-ardhje	*round trip ticket*	raund trip tik'it
falas	*free of charge*	fri ov çarxh
herët	*early*	ër'li
humbas trenin	*to miss the train*	to mis dhë trejn
hyrje	*entrance*	en'trans
lë bagazhin	*to check the luggage*	tu çek dhë lag'ixh
në kohë	*on time*	on tajm
orar i trenave	*train schedule*	trejn ske'xhëll
orar	*schedule*	ske'xhëll
përsëri	*again*	egein'
sallë e pritjes	*waiting room*	uejt'ing rum

shoqërues, konduktor	*conductor*	kën'daktër
tren	*train*	trejn
vagon	*car*	kar
vagon restorant	*restaurant car*	res'tërant kar
vend, sedilje	*seat*	sit
vonë	*late*	lejt
zbres	*to get off*	tu get of

Aeroplani
The airplane

Ku është agjencia e udhëtimeve ajrore?	*Where is the travel agency please?*	Huer iz dhë tre'vëll ej'xhënsi plli'iz
Sa kushton bileta?	*How much is a ticket?*	hau maç iz e tik'it
Sa kushton një biletë vajtje-ardhje?	*How much is a round trip ticket?*	hau maç iz e raund trip tik'it
Ju lutem më rezervoni 2 vënde për të premten në orën 12.	*Please, will you reserve two seats for me Friday at 12?*	plli'iz, uill ju rizërv' tu sits for mi fraj'dej et tuellv
Në çfarë ore niset aeroplani?	*At what time does the plane leave?*	et huat tajm daz dhë plejn li'iv
Kur duhet të ndodhem në aeroport?	*What time do I have to be at the airport?*	huat tajm du aj hev tu bi et dhi er'port
Ku është aeroporti, ju lutem?	*Where is the airport, please?*	huer iz dhi er'port plli'iz
Si të shkoj deri atje?	*How do I get there?*	hau du aj get dher
Sa larg është nga qendra e qytetit?	*How far is it from the city center?*	hau far iz it from dhë si'ti sen'tër
Sa kohë duhet për të arritur atje?	*How long does it take to get there?*	hau long daz it tejk tu get dher
Ka ndonjë autobuz për në aeroport?	*Is there a bus service to the airport?*	is dher ë bas ser'vis tu dhi er'port
Autobusi niset çdo ditë në orën tetë	*The bus leaves every day at 8*	dhë bas li'ivz evri dej et ejt
Sa zgjat udhëtimi nga Nju Jorku në	*How long does it take to fly from New York*	hau long doz it tejk tu flaj from nju jork tu

Florida?	*to Florida?*	fllo'rida
Sa bagazh lejohet falas?	*How much luggage is allowed free of charge?*	hau maç lag'ixh iz e'llaud fri ov çarxh?
Ku ta dorëzoj bagazhin?	*Where can I leave my luggage?*	huer ken aj li'iv maj lag'ixh
Ju lutem më sillni një filxhan kafe	*Please, bring me a a cup of coffee*	plli'iz, bring mi e kap ov ko'fi,
Në cilin aeroport do të ndalemi?	*At which airport will we stop?*	et huiç er'port uill ui stap
Sa kohë do të ndalemi këtu?	*How long do we stop here?*	hau llong du ui stap hir
Ky fluturim është direkt?	*Is this a non-stop flight?*	iz dhis e non'stap flajt
Kur do të nisemi përsëri?	*At what time do we leave again?*	et huat tajm du ui li'iv egen'
Kur mbërrin aeroplani në Florida?	*At what time does the plane arrive in Florida?*	et huat tajm daz dhë plejn errajv' in fllo'rida
Aeroplani po zbret në tokë më në fund	*The airplane is landing finally*	dhi er'plejn iz lend'ing faj'nëlli
Ju lutem, më thirrni një taksi	*Please, call a taxi for me*	plli'iz, koll e tek'si for mi
aeroplan	*airplane*	er'plejn
aeroport	*airport*	er'port
afër	*near, nearby*	nir, nir'baj
afër që këtej	*near from here*	nir from hir
agjenci udhëtimesh	*travel agency*	tre'vëll ej'xhënsi
fluturim direkt	*non-stop flight*	non'stap flajt
fluturim	*flight*	flajt
kohë (në)	*on time*	on tajm
largohem, iki	*to leave*	tu li'iv
mbërrij	*to arrive*	tu errajv'
mbërrritje	*arrival*	erraj'vëll
nisem	*to leave*	tu li'iv
ndalem	*to stop*	tu stap
nisje	*departure*	dipar'çër
sjell	*to bring*	tu bring
zbres në tokë	*to land*	tu lend
zbritje në tokë	*landing*	lend'ing

Dua të prenotoj një kabinë të klasit të II	*I want to book a second class cabin*	aj uant tu buk e sek'ënd klles keb'in
Kur niset anija?	*At what time does the ship weigh anchor?*	et huat tajm daz dhë ship uej eng'kër
Sa ditë zgjat lundrimi?	*How many days does the crossing last?*	hau me'ni dejs daz dhë kros'ing lest
Ku i kam plaçkat?	*Where is my baggage?*	huer iz maj beg'ixh
Ju zë deti?	*Do you suffer from seasickness?*	du ju saf'ër from sisik'nes
Pas dy orësh sosim	*We shall arrive in two hours*	ui shell errajv in tu haurs
Sa bën transportimi i një makine me traget?	*What does it cost to ferry a car?*	huat daz it kost to ferr'i e kar
Në ç'orë niset trageti?	*At what time does the ferryboat leave?*	et huat tajm daz dhë ferr'ibot li'iv
Sa kushton bileta?	*What is the fare?*	huat iz dhë far
anije me naftë	*motorship*	mo'tërship
anije me vela	*sailing boat*	seill'ing bout
anije pasagjerësh	*passenger ship*	pes'ënxher ship
anije postë	*pack-boat*	pek bout
anije	*ship*	ship, bout
bankinë porti	*quay*	ke
barkë	*boat*	bout
barkë me rrema	*rowing boat*	rou'ing bout
barkë me vela	*sailing boat*	seill'ing bout
barkë peshkimi	*fishing boat*	fish'ing bout
barkë shpëtimi	*life-boat*	llajf bout
baticë	*high tide*	haj tajd
bord	*board*	bord
breg	*coast*	kost
brez shpëtimi	*life-belt*	llajf belt
	safety belt	sej'fëti bellt
dallgë	*wave*	uejv

det	sea	si
det i qetë	calm sea	kalm si
det i trazuar	rough sea	raf si
det me shtrëngatë	stormy sea	stor'mi si
fener	light	llajt
flamur	flag	flleg
hedh spirancën	to cast anchor	tu kest eng'kër
itinerar	route	rut
kabinë	cabin	keb'in
kabinë e kl. dytë	second class cabin	sek'ënd klles keb'in
kalimdeti	crossing	kros'ing
kavo	cable	kejb'ëll
kryqëzor	cruise	kruz
kuvertë	deck	dek
litar	rope	roup
lundrim	sailing, navigating	seilling, nev'igejt'ing
lundroj	to sail, to navigate	tu seill, tu nev'igejt
marinar	sailor	sejll'ër
molo	pier	piir
motoskaf	motorboat	mot'ërbout
ngarkim	embarkation	embarkejsh'ën
ngarkoj	to embark	tu em'bark
ngre spirancën	to weigh anchor	tu uej eng'kër
port	harbor, port	harbër, port
prenotoj	to book	tu buk
radar	radar	rej'dar
rezervoj	to reserve	tu ri'zërv'
rimorkiator	tow-boat, tug-boat	tou bout, tag bout
rimorkioj	to tow	tu tou
sëmundje e detit	seasickness	sisik'nes
shkallë	ladder	led'ër
shoqëri lundrimi	navigation company	nev'igejsh'ën kom'pani
shtrëngatë	storm	storm
spirancë	anchor	eng'kër
thellësi	depth	depth
timon	rudder	rëd'ër
tonazh	tonnage	tën'ixh
traget	ferryboat	fe'rribout
udhëtim nëpër det	sea voyage	si voj'ixh
varkar	boatman	bout'men
zbarkim	landing	len'ding
zbarkoj	to land	tu lend
zbaticë	low tide	llou tajd
sirenë	siren	sair'en
velë	sail	seil

Ngarja e makinës
Driving a car

Unë e kam patentën e shoferit	*I have a driver's license*	aj hev ë drajv'ërs llaj'sens
Shoku im e nget mirë makinën	*My friend is a good driver*	maj frend iz e gud drajv'ër
Unë nuk e ngas mirë makinën	*I am not a good driver*	aj em not e gud drajv'ër
Unë s'e di rrugën për në Springfilld	*I don't know the way to Springfield*	aj dont nou dhi uej tu spring'filld
Keni ju lutem një hartë të këtij rajoni?	*Please, do you have a map of this region?*	plli'iz, du ju hev e mep ov dhis ri'xhën
Ju lutem, mund të-më tregoni rrugën për në Springfild?	*Please could you tell me the way to Springfield?*	plli'iz kud ju tell mi dhë uej tu springfilld
Kjo është rruga për në Boston?	*Is this the road to Boston?*	iz dhis dhë roud tu bos'tën
Si mund të dal në rrugën kryesore?	*How can I get to the main street?*	hau ken aj get to dhë mejn strit
Ku të shpie kjo rrugë?	*Where does this road (street) lead?*	huer dhis rod (strit) lid
Ku është hyrja për në autostradë?	*Where is the entrance to the highway?*	huer iz dhi en'trans tu dhë haj'uej
Ku është stacioni më i afërt i benzinës?	*Where is the nearest gas station?*	huer iz dhë nir'est ges stej'shën
Sa kushton një gallon benzinë ?	*How much is one gallon of gasoline?*	hau maç iz uan gell'ën ov gez'olin
Ç'lloje benzine keni këtu?	*What grades of gaso-line are here?*	huat grejdz ov gez'olin ar hir
Ju lutem ma mbushni rezervuarin	*Fill the tank up, please*	fill dhë tenk ap, plli'iz
Ku është ofiçina e riparimeve?	*Where is the service station?*	huer iz dhë ser'vis stej'shën
Kontrolloni nivelin e	*Please, look at the*	plli'iz, lluk et dhë oil

53

vajit, ju lutem.	*oil level*	level
Ndrroni vajin, ju lutem	*Change the oil please*	çejnxh dhi oil plli'iz
Më është shfryrë goma	*I have got a flat tire*	aj hev got e flet tajr
Kontrolloni, ju lutem,	*Please, check the tire*	plli'iz, çek dhë tajr
sa e fryrë është goma	*pressure*	prezhër
Bateria ka mbaruar	*The battery is dead*	dhë bet'ëri iz ded
Karikojenni ju lutem	*Please, charge it*	plli'iz, çarxh' it
Ju lutem, pastroni	*Please, clean the*	plli'iz, kli'in dhë plags
kandelet	*plugs*	
Valvola është djegur	*The valve is burnt out*	thë valv iz bërnt aut
Ndrroni llampën	*Please change the*	plli'iz çejnxh dhë llajt
ju lutem	*light*	
Ju lutem. ma lani dhe	*I would like to have*	aj ud lajk tu hev dhë
grasatoni makinën	*the car washed and*	kar uash'ëd end gris'ëd
	greased	
Sa kohë do?	*How long will it take?*	hau long uill it tejk
Sa kushton?	*How much is it?*	hau maç iz it
Kam pësuar një	*I have had an*	aj hev hed en
aksident	*accident*	ek'sident
Ju lutem, eni merrni	*Please, come and tow*	plli'iz kam end tou maj
makinën dhe e shpini	*my car to your repair*	kar tu jur riper' uork-
në ofiçinën tuaj	*workshop*	shop
Ju u përplasët me mua	*You ran into me*	ju ran in'tu mi
Është faji juaj	*It is your fault*	it iz jur folt
Nuk është faji im	*It is not my fault*	it iz not maj folt
Më jepni emrin dhe	*Give me your name*	giv mi jur nejm end
adresën, ju lutem	*and address please*	ed'res plli'iz
Ku mund ta parkoj	*Where can I park my*	huer ken aj park maj
makinën?	*car?*	kar
Ka ndonjë park	*Is there a parking lot*	iz dher e park'ing lot
këtu afër?	*nearby?*	nir'baj

aksident	*accident*	ek'sident
autostradë	*highway*	haj'uej
avari	*breakdown*	brek'daun
bateri	*battery*	bet'ëri
benzinë	*gasoline*	gez'olin
depozitë	*tank*	tenk
djathtas	*to the right*	tu dhë rajt

djegur (i/e)	*burnt out*	bërnt aut
drejt përpara	*straight ahead*	strejt ahed'
drejtim	*direction*	direk'shën
dritë trafiku	*traffic light*	tref'ik lajt
faj, gabim	*fault*	folt
frena	*brakes*	brejks
frenoj	*to brake*	tu brejk
gallon (4.55 litra)	*gallon*	gell'ën
gjobë	*fine*	fajn
godas	*to hit*	tu hit
gomë e shfryrë	*flat tire*	flet tajr
gomë	*tire*	tajr
gradë	*grade*	grejd
grasatoj	*to grease*	tu gris
kandelë	*plug*	pllag
karikoj	*to charge*	tu çarxh'
kthesë	*curve*	kërv
kufi shpjetësie	*speed limit*	spid li'mit
rrugë kryesore	*main street*	mejn strit
makinë	*car*	kar
makinë, automjet	*vehicle*	ve'ikëll
marrsh	*gear*	gir
mbush	*to fill*	tu fill
ngadalësoj	*to slow down*	tu slou daun
ngas (makinën)	*to drive*	tu drajv
nivel	*level*	lev'ell
ofiçinë	*workshop*	uërk'shop
parakalim	*overtaking*	ovërtejk'ing
park	*parking lot*	park'ing lot
parkim	*parking*	park'ing
parkoj	*to park*	tu park
pastroj	*to clean*	tu klin
patentë shoferi	*driver's license*	draj'vërs llaj'sens
përplasem	*to collide*	tu kë'llajd
	to run into	tu ran in'tu
polic trafiku	*policeman*	polis'men
presion	*pressure*	pre'zhër
rajon	*region*	ri'xhën
rezervuar	*tank*	tenk
riparim	*repair*	riper'
rrezik	*danger*	dejn'xhër
rrëzoj	*to knock down*	tu nok daun
rrotë	*wheel*	huill
rruga për në ...	*the road to ...*	dhë roud tu ...
rrugë (makinash)	*road*	roud

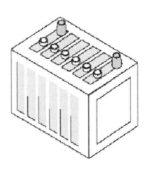

rrugë (qyteti)	*street*	strit
rrugë e asfaltuar	*asphalt road*	es'fëlt roud
rrugë fshati	*country road*	kan'tri roud
rrugë kryesore	*main road*	mejn roud
semafor	*traffic lights*	tref'ik lajts
shkel, shtyp	*to run over*	tu ran o'vër
shpejtësi	*speed*	spid
- e kufizuar	*reduced speed*	ridjus'ëd spid
- maksimale	*maximum speed*	mek'simum spid
shpie (të) rruga	*the road lead*	dhë rod lid
shtoj shpejtësinë	*to speed up*	tu spid ap
stacion benzine	*gas station*	ges stej'shën
stac. shërbimesh	*service station*	ser'vis stej'shën
tabelë rruge	*road sign*	roud sajn
tabelë trafiku	*traffic sign*	tref'ik sajn
targë	*license plate*	llaj'sens olejt
trafik	*traffic*	tref'ik
vaj	*oil*	ojl
valvul	*valve*	valv
zonë për parkim	*parking area*	park'ing ejri'a

Tabelë krahasuese e miljeve dhe kilometrave

1 milje është barazi me 1,609 kilometra

Milje:	10	20	30	40	50	60	70	80	90
100									
Kilometra	16	32	48	64	80	97	113	129	145
161									

1 kilometër është barazi me 0.62 milje

Kilometra:	10	20	30	40	50	60	70	80	90
100									
Milje:	6	12	19	25	31	37	43	50	56
62									

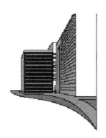

Gjetja e banesës
Finding a place to live

Hoteli
The hotel

Ku do të qëndrojmë për të fjetur sonte?	*Where shall we stay tonight?*	huer shell ui stej tunajt
Ku ndodhet hoteli?	*Where is the hotel?*	huer iz dhi ho'tel
Keni ndonjë dhomë të lirë?	*Do you have any vacancies?*	du ju heveni vej'kënsis
Më vjen keq, por.ne s'kemi dhoma të lira.	*I am sorry, we don't have vacancies*	aj em sorri, ui dont hev vej'kënsis
Provoni hotel tjetër	*Try at the other hotel*	Traj et dhi odhër ho'tel
Kam telefonuar për të rezervuae një dhomë	*I have telephoned to reserve a room.*	aj hev tell'efonëd tu ri'zërv e rum
Dua një dhomë njëshe	*I want a single room*	aj uant e sin'gëll rum
Dua një dhomë dyshe	*I want a double room*	aj uant e da'bëll rum
Më duhet një dhomë me banjo të veçantë	*I need a room with a private bath*	aj nid e rum uith e praj'vët beth
Më duhet një dhomë për një javë	*I need a room for a week*	aj nid e rum for e uik
Desha një dhomë në katin e parë	*I would like a first-floor room*	aj uant e fërst flor rum
Mund ta shoh?	*May I see the room?*	mej aj si dhë rum?
Sa është çmimi për një natë?	*What is the price for one night?*	huat iz dhë prajs for uan najt?
Qenka shumë shtrenjtë	*It is very expensive*	it iz veri ek'spensiv
Desha një më të lirë	*I want a cheaper one*	aj uant ë çip'ër uan
Mirë, po e marr këtë dhomë	*O.K. I will take this one*	o kej aj uill tejk dhis uan
Përfshihet ushqimi në çmim?	*Are meals included in the price?*	are mills inklud'ëd in dhë prajs?
Duhet të paguaj në avancë apo kur të iki?	*Must I pay in advance or when leaving?*	mast aj pej in edvens' or huen liv'ing?
Ju lutem, m'i shpini	*Please, take my lug-*	plli'iz, tejk my lag'ixh

valixhet në dhomë.	*gage in my room*	in maj rum
Më jepni, ju lutem	*Will you give me the*	uill ju giv mi dhë
çelësin e dhomës?	*key of the room?*	ki ov dhë rum?
Ku është ashensori?	*Where is the elevator?*	huer iz dhi illevejt'ër?
Kuështë çelësi i	*Where is the light*	huer iz dhë llajt suiç?
dritës?	*switch?*	
Ku është banjoja?	*Where is the toilet?*	huer iz dhë toj'let?
Mund të m'i ndrroni,	*Will you please*	uill ju plli'iz çejnxh
ju lutem, çarçafët?	*change the sheets?*	dhë shits?
Nuk punon rubineti i	*The hot tap water*	dhë hot tep uo'tër doz
ujit të ngrohtë.	*does not work.*	not uork
Për të thirrur kujdes--	*To call the chamber-*	tu koll dhë çej'mbër-
taren i bini ziles	*maid, ring the bell*	mejd, ring dhë bell
Mos i ratë ziles?	*Did you ring the bell?*	did ju ring dhë bell?
Më sillni, ju lutem,	*Please, bring me a*	plli'iz, bring mi e kap
një çaj të ngrohtë	*cup of hot tea*	of hat ti
Më thirrni, ju lutem,	*Please, will you call*	plli'iz, uill ju koll
këtë numër	*this number?*	dhis nam'bër?
Do të largohem sot	*I am leaving today*	aj em living today
Dua të paguaj	*I wish to pay my bill*	aj uish tu pej maj bill
Mos duhet t'i jap bak-	*Should I give a tip to*	shud aj giv e tip tu
shish kujdestares?	*the chambermaid?*	dhë çej'mbërmejd?
M'i zbrisni valixhet,	*Please, bring my*	plli'iz bring maj lagixh
ju lutem.	*luggage downstairs*	daun'sters
Një taksi, ju lutem	*Please, call a taxi*	plli'iz, koll e teksi

Rentim shtëpie
Renting a house

Unë po kërkoj një	*I am looking for an*	aj em lluk'ing for en
apartament	*apartment*	apart'ment
Mos dini ndonjë	*Do you know of a*	du ju nou of e vej'kënt
apartament të lirë?	*vacant apartment?*	apart'ment?
Shikoni reklamat	*Look at the ads in the*	lluk et dhi eds in dhë
në gazetë	*newspaper*	njus'pejpër

Më duhet të telefonoj në zyrën e banesave	*I must call the real estate office*	aj mast koll dhë riell istejt' o'fis
Dua një apartament me dy dhoma fjetjeje	*I want a two-bedroom apartment*	aj uant ë tu-bed'rum apart'ment
Dua një studio	*I want a studio*	aj uant ë studio
A mund të vij ta shoh apartamentin?	*Can I come and see the apartment?*	ken aj kam end si dhi apart'ment
Kur mund ta shoh apartamentin?	*When can I see the apartment?*	huen ken aj si dhi apart'ment
Sa është qiraja për një muaj?	*How much is the rent for a month?*	hau maç iz dhë rent for e manth
Sa kushtojnë gazi dhe drita?	*How much is the gas and electricity?*	hau maç iz dhë ges end elektris'iti
Duhet të paguaj me çek apo para në dorë?	*Should I pay the rent by check or cash?*	shud aj pej dhë rent baj çek or kesh
Sa është depozita?	*How much would be the deposit?*	hau maç ud bi dhë dëpaz'it
Më pëlqen apartamenti	*I like this apartment*	aj lajk dhis apart'ment
Ta firmos kontratën?	*Do I sign the lease?*	du aj sajn dhë liz?
Dua të kem një kopje të kontratës	*I would like to have a copy of the lease*	aj ud llajk tu hev e ko'pi ov dhë liis

apartament	*apartment*	apart'ment
ashensor	*elevator*	ill'ëvejtër
ballkon	*balcony*	ball'koni
banjo	*bathroom, bath*	beth'rum, beth
banoj	*to live, to dwell*	tu liv, tu duell
batanije	*blanket*	blang'ket
bravë	*lock*	llok
çarçaf	*sheet*	shit
çati	*roof*	ruf
çelës drite	*light switch*	llajt suiç
çelës	*key*	ki
depozitë	*deposit*	dëpaz'it
derë	*door*	dor
dhomë	*room*	rum
dhomë fjetjeje	*bedroom*	bed'rum
dhomë ndejtjeje	*living room*	liv'ing rum
dhomë ngrënjeje	*dining room*	dajning rum
dhomë vakant	*vacancy*	vej'kënsi

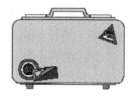

dritare	*window*	uin'dou
dritë elektrike	*electricity*	elektris'iti
dush	*shower*	shau'er
dyshek	*mattress*	met'ris
dysheme	*floor*	fllor
fasadë	*facade*	fë'sejd
fqinj	*neighbor*	nej'bër
frigorifer	*freezer*	fri'zër
garazh	*garage*	gë'razh
garderobë	*wardrobe*	uor'drob
gërshërë	*scissors*	siz'ërs
grilë	*blind*	bllajnd
hedh	*to threw way*	tu thru uej
hekur	*iron*	aj'ron
heq prizën	*to unplug*	tu an'pllag
hotel	*hotel, inn, motel*	ho'tel, in, mo'tel
hyrje	*entrance, entry*	en'trans, en'tri
instaloj	*to install*	tu instoll
jastëk	*pillow*	pillo'u
jetoj	*to live*	tu liv
jetesë	*living*	living
kabllo	*cable*	kej'bëll
kontratë	*lease*	liz
karrike	*chair*	çer
kat	*story, floor*	stor'i, fllor
kolltuk	*armchair*	arm'çer
komisioner	*broker*	bro'kër
komo	*chest of drawers*	çest ov drou'ers
komodinë	*bedside table*	bedsajd' tej'bëll
kopsht	*garden*	gar'dën
kornizë	*picture frame*	pik'çër frejm
korridor	*corridor*	korr'idor
kovë e plehrave	*garbage can*	gar'bixh ken
kuzhinë	*kitchen,*	ki'çën
laj	*to wash*	tu uosh
lart, sipër	*upstairs, above*	ap'sters, ebov
lavaman	*sink, lavatory*	sink, lev'ëtori
lavapjatë	*dishwasher*	dish'uoshër
llampë	*lamp*	llemp
makinë larëse	*washing machine*	uosh'ing me'shin
marr me qira	*to rent*	tu rent
mbikqyrës	*superintendent*	supërinten'dent
mobiluar (i, e)	*furnished*	fër'nishëd
modern	*modern*	mo'dern
mur	*wall*	uoll

ndërtesë	building	billd'ing
ndërtoj	to build	tu billd
oborr	yard, courtyard	kort'jad
oxhak	chimney	çim'ni
pasqyrë	mirror	mirr'ër
pastroj	to clean up	tu klin ap
perde	curtain	kër'ten
plehra	garbage	gar'bixh
pllakë muri	tile	tajll
pluhur	dust	dast
portë	gate	gejt
portier	doorman	dor'men
poshtë	downstairs, below	daun'sters, billou
privat	private	praj'vët
prishur (i, e)	broken	brok'ën
pronar	owner, landlord	oun'ër, lendlord
pronë private	private property	praj'vët prop'ërti
qark i shkurtër	short circuit	short sër'kit
qëndroj	to stay	tu stej
qira	rent	rent
qiramarrës	tenant	ten'ent
radiator	radiator	rej'diejtër
rehatshëm (i, e)	comfortable	kom'fortëbëll
rregulloj	to arrange, to adjust	tu ë'rrejnxh, to ë'xhast
sallon	salon	sa'llon
shkallë	stairs, staircase	sters, sterkejs
shtëpi	house, home	hauz, houm
shtrat	bed	bed
sirtar	drawer	drou'er
sistem alarmi	alarm system	a'larm sis'tem
sistem ngrohjeje	heating system	hit'ing sis'tem
sobë	stove	stouv
tapet	carpet	kar'pet
tavan	ceiling	si'lling
tavolinë	table	tej'bëll
terracë	terrace	terr'es
transferoj (shtëpinë)	to move	tu muv
tub i gazit	gas pipe	gez pajp
tubacion	piping	paj'ping
vatër	firepace	fajr'plejs
ventilator	fan, ventilator	fen, ven'tlejtër
vë prizën	to plug in	tu pllag in
WC, tualet	toilet	toj'let
zbres	to go down	tu gou daun
zile e derës	doorbell	dor'bell

Të ngrënët, Blerja e ushqimeve
Eating, Food Shopping

Në restorant
In the restaurant

Ky restorant është i mirë dhe jo i shtrenjtë	*This restaurant is good and not expensive*	dhis res'tërant iz gud end not ikspen'siv
Kush shërben në këtë tavolinë?	*Who is serving this table?*	hu iz serving dhis tej'bëll
Keni ndonjë tavolinë të lirë për 3 vetë?	*Do you have a table for three?*	du ju hev e tej'bëll for thri?
Kamarier, më jepni, ju lutem listën e gjellëve	*Waiter, please give me the menu*	uejtër, plli'iz giv mi dhë menju
Kjo listë është me çmime fikse?	*Is this a fixed price menu?*	iz dhis e fiksëd prajs menju'
Ç'urdhëroni, zotëri?	*What do you wish, Sir?*	huat du ju uish, sër
Kotoletë viçi me patate të pjekura dhe sallatë jeshile	*Veal cutlet with roast potatoes and green salad*	vill kat'let for oll uith roust potej'tos end grin sall'ëd
Sillni një birrë dhe ca ullinj, ju lutem	*Please bring me a beer and some olives*	plli'iz bring mi e bir end sam olivz'
Ç'dëshironi për desert?	*What do you wish to have for dessert?*	huat du ju uant tu hev for di'zërt?
Puding me çokollatë	*Chocolate pudding,*	ço'këlit pud'ing,
Ç'dëshironi për të pirë?	*What would you like to drink?*	huat ud ju lajk tu drink
Më sillni, ju lutem një gotë verë	*Please, bring me a glass of wine*	plli'iz, bring mi e glles ov uajn
Ju lutem, më shërbeni shpejt, jam me ngut	*Please serve me soon, I am in a hurry*	plli'iz serv mi sun, aj em in e ha'rri
Na sillni, ju lutem ca proshutë	*Please bring us some ham*	plli'iz bring az sam hem
Mund të ma kaloni thikën, ju lutem?	*Pass me please the knife*	pes mi plli'iz dhë najf
Mua më pëlqejnë gjellët pikante	*I like spicy food*	aj llajk spaj'si fud

Llogarinë, ju lutem	*Check please*	çek, plli'iz
Sa është çeku?	*How much is it?*	hau maç iz it
Kusurin mbajeni	*Keep the change for*	kip dhë çejnxh for
për vete	*yourself*	jur'self

Në piceri
In the pizzeria

Doni të shkojmë në	*Would you like to*	ud ju llajk tu gou tu
piceri?	*go to the Pizzeria ?*	dhë piceria
Në Makdonald?	*To McDonald's?*	tu mek'donëld
Sa kushton një	*How much is a*	hau maç iz e
hamburger?	*hamburger?*	hem'bërger
Më jepni një porcion	*Give me please a*	giv mi plli'iz e
picë	*slice of pizza*	sllajs of pi'ca
Sa kushton?	*How much is it?*	hau maç is it

Blerja e suhqimeve
Food Shopping

Zakonisht unë psonis	*Usually I shop*	ju'zhuëlli aj shop
në supermarket	*at the supermarket*	et dhë su'përmar'ket
Nganjëherë psonis në	*Some times I shop*	sam tajms aj shop
dyqanin ushqimor	*at the grocery store*	et dhë gro'sëri store
Më jepni, ju lutem ...	*Please give me*	plli'iz giv mi
një bukë të bardhë	*a loaf of white bread*	e lof of huajt bred
Dua një pako	*I want a packet of*	aj uant ë pek'it ov
biskota	*biscuits*	bis'kits
Dua një kuti mishi	*I want a can of meat*	aj uant ë ken ov mit
dhe një kuti sardelesh	*and a can of sardines*	end ë ken ov sar'diinz
Më jepni ju lutem	*Give me please a*	giv mi plli'iz ë bot'ëll
një shishe me uthull	*bottle of vinegar*	ov vini'gër

Keni kripë deti?	*Do you have sea salt?*	du ju hev si sollt
Më peshoni ju lutem	*Please, weigh two*	plli'iz, uej tu
dy paundë bizele	*pounds of beans*	paunds ovbinz
Më peshoni ju lutem	*Weigh me please*	uej mi plli'iz
një gjysëm paundi	*a half pound of*	e hef paund ov
kafe të bluar	*ground coffee*	graund kofi
Ju lutem, një paund	*Please, let me have a*	plli'iz, let mi hev
sallam	*pound of salami*	ë paund ov salla'mi
Më jepni një duzinë	*Let me have a dozen*	let mi hev e doz'ën
vezë, ju lutem.	*of eggs, please*	ov egz, plli'iz
Më jepni këtë copë	*Give me please*	giv mi plli'iz
mish viçi	*this joint of beef*	dhiz xhoint ov bif
I freskët është peshku?	*Is the fish fresh?*	iz dhë fish fresh
Sa kushton kjo pulë?	*How much does this chicken cost?*	Hau maç daz dhis çik'en kost?
Shisni qumësht?	*Do you sell milk?*	du ju sell milk
Një gallon ju lutem	*A gallon please*	e gell'on plli'iz

akullore	*ice cream*	ajs krim
amvisë	*housewife*	hauz'uajf
ananas	*pineapples*	pajn'epëllz
antipastë	*Hors d'oeuvre*	hors d'ovër
bamje	*okra*	ok'ra
barishte	*vegetable*	vexhë'tejbëll
bëj pazar	*to do shopping*	tu du shop'ing
biftek	*beefsteak*	bif'stejk
birrë	*beer*	biir
biskotë	*biscuit*	bis'kit
blejë	*to buy*	tu baj
bizele	*beans*	binz
brendi	*brandy*	bren'di
bujon	*broth*	brouth
bukë	*bread*	bred
bukë e bardhë	*white bread*	huajt bred
bukë e zezë	*black bread*	bllek bred
ca	*some*	sam
copë (mishi)	*joint of*	xhoint ov
- deleje	*mutton*	mat'ën
- derri	*pork*	pork
- viçi	*beef*	bif
- viçi të njomë	*veal*	vill

64

çaj	*tea*	ti
çimçakiz	*chewing gum*	çu'ing gam
çmime fikse	*fixed price*	fiks'ëd prajs
çokollatë	*chocolate*	çok'lit
dardhë	*pear*	pir
darkë	*dinner, supper*	din'ër, sap'ër
dezert	*dessert*	di'zërt
dietë	*diet*	daj'et
djathë	*cheese*	çiz
djathë i njomë	*country cheese*	kan'tri çiz
domate	*tomato*	tëmej'to
drekë	*lunch, dinner*	llanç, din'ër
duzinë	*dozen*	daz'ën
dyqan	*shop, store*	shop, sto're
dyqan buke	*bakery*	bej'këri
dyqan ushqimor	*grocery*	gro'seri
fasule	*kidney beans*	kid'ni binz
freskët (i, e)	*fresh*	fresh
frut	*fruit*	frut
fruta të përzjera	*mixed fruits*	mik'sëd fruts
ftua	*quince*	kuins
gatuaj	*to cook,*	tu kuk, tu priper'
gotë	*glass*	glles
gjalp	*butter*	bat'ër
gjellë pikante	*spicy food*	spaj'si fud
ha	*to eat*	tu it
hamburger	*hamburger*	hem'bërger
haviar	*caviar*	ke'viar
hudhër	*garlic*	gar'lik
kafe e bluar	*ground coffee*	gra'und ko'fi
kafe e pjekur	*roasted coffee*	roust'ëd ko'fi
kafe e tretshme	*instant coffee*	in'stent ko'fi
kafe kokërr	*coffee beans*	ko'fi binz
kajsi	*apricot*	ep'rikët
kanistër	*basket*	bas'ket
karrocë	*shopping cart*	shop'ing kart
karrotë	*carrot*	kerr'ët
kasap	*butcher's shop*	bu'çers shop
kastravec	*cucumber*	kju'kembër
keçap	*ketchup*	keç'ap
koka kola	*coca-cola*	ko'ka-ko'la
konjak	*cognac*	konj'ek
konserva	*canned food*	kenëd fud
kondensuar (i, e)	*condensed*	këndens'it
kos	*yogurt*	jo'gërt

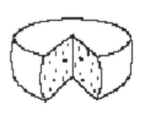

kotoletë qingji	*lamb cutlet*	lemb kat'let
kotoletë viçi	*veal cutlet*	vill kat'let
kripë	*salt*	sollt
kumbullë	*plum*	pllam
kusi	*pan, pot*	pen, pot
kusur	*change*	çejnxh
kuti	*box*	baks
lakër	*cabbage*	keb'ixh
leskra misri	*corn flakes*	korn flejks
lëng domatesh	*tomato juice*	tëmej'to xhus
lëng frutash	*fruit juice*	frut xhus
liker	*liquor*	lik'ër
limon	*lemon*	lem'ën
limonatë	*lemonade*	lemënejd'
lirë (i, e)	*cheap*	çip
lista e gjellëve	*menu*	men'ju
lugë	*spoon*	spun
lugë çaji	*teaspoon*	ti'spun
luleshtrydhe	*strawberries*	stro'berris
makarona	*macaroni*	mek'ëroni
mandarinë	*tangerine*	ten'xherin
marmelatë	*marmalada*	mar'mëlejd
merkato	*market*	mar'ket
më jepni	*give me*	giv mi
mua	*me*	mi
mëngjes	*breakfast*	brek'fest
miell	*flour*	fllaur
misër	*corn*	korn
mish	*meat*	mit
mjaltë	*honey*	han'i
mollë	*apple*	e'pëll
kaloj	*to pass*	tu pes
mustardë	*mustard*	mas'tërd
niseshte	*starch*	starç
oris	*rice*	rajs
pako	*packet*	pek'it
pako (një)	*a packet of*	e pek'it of
patate	*potato*	pëtej'to
patate të pjekura	*roast potatoes*	roust potej'tos
patate të skuqura	*French fries*	frenç frajs
patëllxhan	*eggplant*	eg'plent
pazar, psonisje	*shopping*	shop'ing
paund	*pound*	paund
paund (një)	*a pound of* ...	e paund ov ...
pepsi kola	*pepsi-cola*	pep'si-ko'la

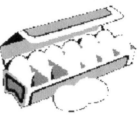

peshoj	*to weigh*	tu uej
pëlqej	*to like*	tu llajk
për të gjithë	*for all*	for oll
për vete	*for yourself*	for jur'self
picë	*pizza*	pi'ca
piceri	*pizzeria*	piceria
pij	*to drink*	tu drink
pije	*drink, beverage*	drink, bëv'erixh
piper	*pepper*	pe'për
piru	*fork*	fork
pjatë	*plate*	plejt
pjekur (i, e)	*ripe*	rajp
pjepër	*melon*	mel'ën
pjeshkë	*peach*	piç
porcion, copë	*slice*	sllajs
porcion pice	*a slice of pizza*	e sllajs ov pi'ca
portokall	*orange*	or'enxh
proshutë	*ham*	hem
provoj	*try, taste*	traj, tejst
puding	*pudding*	pud'ing,
pulë	*chicken*	çik'ën
pulë e pjekur	*roast chicken*	roust çik'ën
qepë	*onion*	on'jën
qershi	*cherry*	çe'rri
qese	*shopping bag*	shop'ing beg
qumësht	*milk*	milk
raki	*grappa, brandy*	gra'pa, bren'di
restorant	*restaurant*	res'tërant
rrush	*grape*	grejp
rrush i thatë	*raisin*	rej'zin
salcë domateje	*tomato souce*	tëmej'to sous
salcë kosi	*sour cream*	sour krim
salcë	*sauce*	sous
sallam	*salami*	salla'mi
sallatë jeshile	*green salad*	grin sall'ëd
sallatë marule	*lettuce*	let'ës
sardele	*sardines*	sardinz'
sillë	*lunch*	llanç
sillni (më)	*bring me*	bring mi
sillni (na)	*bring us*	bring az
sjell	*to bring*	tu bring
simite	*rolls*	rolls
sodë	*soda*	so'da
sodë buke	*baking soda*	bejk'ing so'da
spec	*pepper*	pep'ër

spec i kuq	*paprika*	pep'rika
supë barishtesh	*vegetable soup*	vexhë'tejbëll sup
shalqi	*watermelon*	uo'tërme'lën
shampanjë	*champagne*	shempejn'
shegë	*pomegranate*	pom'grenët
sheqer	*sugar*	shu'gar
shes	*to sell*	tu sell
shërbej	*to serve*	tu serv
shijoj	*to taste*	tu tejst
shishe	*bottle*	bot'ëll
shitës	*seller, vendor*	sell'ër, vend'ër
shtrenjtë (i, e)	*expensive*	ek'spensiv
shtroj tavolinën	*to set the table*	tu set dhë tej'bëll
tymosur (i,e)	*smoked*	smok'ëd
thikë	*knife*	najf
turshi	*pickel*	pik'ëll
ujë mineral	*mineral water*	min'eral uot'ër
ulli	*olive*	ol'iv
uri	*hunger*	hang'gër
uritur (i,e)	*hungry*	hang'ri
ushqim	*food*	fud
uthullë	*vinegar*	vini'gër
vafer	*wafer*	ua'fër
vaj	*oil*	ojl
vanilje	*vanilla*	vënill'a
verë	*wine*	uajn
vermuth	*vermouth*	ver'muth
vetëshërbim	*self service*	sellf ser'vis
vezë	*egg*	eg
vezë të fërguara	*fried eggs*	fraj'ëd egs
vodkë	*vodka*	vot'ka

Mjetet e komunikimit
Means of Communication

Në zyrën postare
In the post office

Ku është posta më e afërt, ju lutem?	*Where is the nearest Post office please?*	huer iz dhë nir'est post o'fis plli'iz
Kur është e hapur posta?	*What are the business hours of the post office?*	huat ar dhë biz'nis haurs ov dhë post o'fis
Ku është kutia postare?	*Where is the mail box?*	huer iz dhë mejl boks
Duhet të shkoj në postë për të blerë pulla	*I have to go to the post office to buy stamps*	aj hev tu gou tu dhë post o'fis to baj stemps
Ku mund të blejë zarfa?	*Where can I get envelopes?*	huer ken aj get en'velops
Më jepni, ju lutem, 5 pulla për kartolina	*Please, give me five stamps for postcards*	plli'iz, giv mi fajv stemps for post-kards
Më jepni, ju lutem, një pullë të klasit të parë	*Give me a first class stamp, please*	giv mi e fërst klas stemp, plli'iz.
Desha ta dërgoj këtë leter	*I want to send this letter*	aj uant tu send this le'tër
letër në vijë ajrore	*letter by air mail*	le'tër baj er mejl
Sa kushton postimi?	*What is the postage?*	huat iz dhë postejxh'
Sa do për të arritur-letra në destinacion?	*How long will it take to its destination?*	hau long uill it tejk tu its destinej'shën
Dua të dërgoj këtë letër të porositur	*I want this letter registered*	aj uant dhis leter rexh'istërt.
Më jepni faturën, ju lutem	*Please, give me the receipt*	plli'iz giv mi dhë risit'
Në cilin sportel mund të nis një pako?	*From which counter can I mail a package?*	from huiç koun'tër ken aj mejl e pek'ixh
Dua ta dërgoj pakon me klasin e parë	*I want to mail this package first class*	aj uant tu mejl dhis pek'ixh fërst klas
Si ta paketoj?	*How should I wrap it?*	hau shud aj rap it
Cila është madhësia maksimale për pako?	*What is the size limit for a package?*	huat iz dhë sajz li'mit for e pek'ixh
Sa peshon?	*What is the weight?*	huat is dhi uejt
Çfarë ka brenda?	*What does it contain?*	huat daz it kontejn

69

Shkruani emrin dhe adresën e dërguesit	*Write down the name and the address of the sender*	rajt da'un dhë nejm end dhi ed'res ov dhë sen'der

destinacion	*destination*	destinej'shën
dërgoj	*to send*	tu send
dërgues	*sender*	sen'dër
dërgim	*shipping*	ship'ing
kartolinë	*postcard*	post-kard
kuti postare	*mail box*	mejl boks
letër	*letter*	le'tër
letër e porositur	*registered letter*	rexh'istërd.le'tër
madhësi	*size*	sajz
- maksimale	*size limit*	sajz li'mit
marrës	*addressee*	edrësi'
ndryshim	*change*	çejnxh
paketoj	*to wrap*	tu rap
pako	*package*	pek'ixh
postë	*post office*	post o'fis
postë (letra)	*mail*	mejll
postë ajrore	*air mail*	er mejl
postim	*postage*	postejxh'
postoj	*to mail*	tu mejl
pullë	*stamp*	stemp
pullë e kl. parë	*first class st.*	fërst kles stemp
sportel	*counter*	koun'tër
zakonshëm (i)	*ordinary*	or'dneri
zarf	*envelope*	en'velop
zyrë postare	*post office*	post o'fis

Në zyrën telegrafike
In the telegraph office

Ku është zyra tele-grafike, ju lutem?	*Where is the tele-graph office, please?*	huer iz dhë tel'igraf o'fis, plli'iz
Ku mund të dërgoj një telegram?	*Where can I send a telegram?*	huer ken aj send e tel'igrem
Mund ta dërgoj në gjuhën shqipe?	*Can I send the tele-gram in Albanian?*	ken aj send dhë tel'igrem in elbej'nian
Ku është sporteli i telegrameve?	*Which is the tele-gram counter?*	huiç iz dhë tel'igrem kount'ër

70

Dua të nis një tele-gram të zakonshëm (urgjent)	*I wish to send an ordinary (urgent) telegram*	aj uish tu send en or'dneri (ur'xhent) tel'igrem
Mund të më jepni një formular, ju lutem?	*May I have a tele-gram form, please?*	mej aj hev e tel'igrem form, plli'iz
Sa është tarifa për një fjalë?	*What is the charge per word?*	huat iz dhë çarxh për uord
Kur mund të arrijë telegrami?	*When will this tele-gram arrive?*	huen uill dhis tel'i-grem errajv'
Keni telefaks?	*Have you got a telefax?*	hev ju gat e tel'ifeks
Mund të nis një faks?	*Can I send a fax?*	ken aj send e feks?

faks	*fax*	feks
formular telegrami	*telegram form*	tel'igrem form
tarifë për fjalë	*charge for word*	çarxh for uord
telefaks	*telefax*	tel'ifeks
urgjent	*urgent*	ur'xhent
zakonshëm (i, e)	*ordinary*	ord'neri
zyrë telegrafike -	*telegraph office*	tel'igref o'fis

Telefoni publik
The public phone

Ku ka një telefon publik?	*Where can I find a public phone?*	huer ken aj fajnd e pab'lik fon?
Si përdoret telefoni?	*How do I use it?*	hau du aj juz it?
Futni 25 cent në vrimë dhe formoni numrin që doni	*Put a coin in the slot and dial the number you want*	put e koin in dhë slot end daj'ël dhë nam'bër ju uant
Sa të holla duhen për të telefonuar?	*What coins do I need for the phone?*	huat koins du aj nid for dhë fon?
Sa kushton një minut bisedim?	*How much does one minute cost?*	hau maç daz uan mi'nit kost
Më mbaruan të imtat	*I am out of change*	aj em aut of çejnxh
Më jepni ca të imta për telefon, ju lutem	*Please give me some change for the phone*	plli'iz giv mi sam çejnxh for dhë fon

71

Më falni, I kam rënë gabim	*Excuse me, I got the wrong number*	ek'skjuz mi, aj gat dhë rong nam'bër
Alo, kush po flet?	*Hello, who is speaking?*	hello'u, hu iz spi'king
Jam A. Drini. Mund të flas me z. Smith?	*Drini speaking. May I speak to Mr. Smith?*	drini spi'king. mej aj spik tu mr. smith.
Ju lutem më lidhni me zotin Smith	*Please connect me with Mr. Smith*	plli'iz ko'nekt mi uith mist'ër Smith
Më vjen keq, z. Smith nuk është këtu	*I am sorry, Mr. Smith is not here right now*	aj em so'rri, mr smith iz not hir rajt nau
Mund të telefonoj më vonë?	*Can I call later?*	ken aj koll lej'tër
Doni t'i lini mesazh?	*Would you like to leave a message?*	ud ju llajk to li'iv e mes'ixh
Mund t'i transmetoni një mesazh?	*Could you give him a message, please?*	kud ju giv him e mes'ixh plli'iz
A mund të prisni?	*Can you hold on?*	ken ju holld on
Prisni, ju lutem	*Hold on, please*	holld on, plli'iz
Po ju lidh	*I will put you through*	aj uill put ju thru
Kush po flet, ju lutem?	*Who is calling, please?*	hu iz koll'ing plli'iz
Jam unë Iliri	*Ilir is calling*	ilir iz kolling
Po ju dëgjoj	*Speaking*	spiking
Mbylleni telefonin	*Hang up, please*	heng ap plli'iz
Do t;ju thërras vetë.	*I will call you back*	aj uill coll ju bek
Falemnderit që thirrët	*Thanks for calling*	thenks for koll'ing

QËNDRA E TELEFONATAVE ME LARG
THE LONG DISTANCE CALLING CENTER

Kjo është qëndra e telefonatave me larg	*This is the long distance calling center?*	dhiz iz dhë long dis'tens koll'ing sen'tër
Mund të telefonoj direkt në Shqipëri?	*Can I dial directly to Albania?*	ken aj daj'ël direkt'li tu ellbej'nia
Ju duhet të formoni prefiksin dhe kodin zonal	*You have to dial the prefix and the area code*	ju hev tu daj'el dhë pre'fiks end dhi ej'ria kod

Mund të më jepni numeratorin e Bostonit?	*Will you give me the directory of the Boston please?*	uill ju giv mi dhë direk'tori of dhë Bost'ën plli'iz
Dua të bëj një telefon urgjent	*I wish to make an urgent call*	aj uish tu mejk en ur'xhent koll
Hyni në kabinën 3	*Enter box number 3*	en'tër baks nam'bër 3
Mua më ndërprenë	*I was cut off*	aj uaz kat of
Linja del e zënë	*The line is busy*	dhë lajn is bi'zi
Po e provoj më vonë	*I will try later on*	aj uill traj lej'tër on
Linja del gjithnjë e zënë	*The line is always busy*	dhë llajn iz oll'uejs bi'zi
U lirua më në fund	*Now, at last, it is free*	nau et lest it iz fri

alo	*hello*	hello'u
direkt	*directly*	direkt'li
formoj numërin	*dial the number*	daj'el dhë namb'ër
fus brenda	*to put in*	tu put in
hyj	*to enter*	tu en'tër
imta (të)	*change*	çejnxh
kabinë	*box*	baks
kod zonal	*area code*	ej'ria kod
kush flet	*who is speaking*	hu iz spi'king
lë (mesazh)	*to live a message*	tu liv e mes'ixh
lirë (i,e)	*free*	fri
mbaruan (më)	*I am out of*	aj em aut of
mesazh	*message*	mes'ixh
ndërlidh	*to put through* *to connect*	tu put thru to kon'nekt
ndërprerë (i,e)	*disconnected*	diskonek'tëd
ndërpres	*to disconnect* *to cut off*	tu diskonekt tu kat of
numerator	*directory*	direk'tori
numër gabim	*wrong number*	rong nam'bër
përdor	*to use*	tu juz
prefiks	*prefix*	pre'fiks
rresht	*line*	llajn
telefon publik	*public phone*	pab'lik fon
telefonatë	*telephone call*	tel'ëfon koll
telefonoj	*to dial*	tu daj'el
telegram	*telegram*	tel'igrem
thirrje telefonike	*phone call*	fon koll
vrimë	*slot*	slot
zënë (i,e)	*busy*	bi'zi

Profesioni dhe Puna
Profession and Jobs

Profesioni
Profession

Çfarë pune bëni?	*What is your job?*	huat iz jur xhob?
	What is your occupation?	huat iz jur okupej'shën?
Me se merreni?	*What do you do?*	huat du ju du?
Çfarë profesioni keni?	*What is your profession?*	huat iz jur profesh'ën?
Unë jam mësues	*I am a teacher*	aj em e tiç'ër
Ne jemi kolegë	*We are colleagues*	ui ar koll'igs
Ju jeni biznesmen?	*You are a businessman*	ju ar e biz'nismen'
Ai është student	*He is student*	hi iz stu'dent
Ku punoni?	*Where do you work?*	huer du ju uork?
Unë punoj në një uzinë	*I work at a plant*	aj uork et e plent
Tani jam pa punë	*I am out of work now*	aj em aut ov uork nau
Unë jam i pa punë	*I am unemployed*	aj em an'emplojëd
Punëdhënësi im është shqiptar	*My employer is Albanian*	maj emplloj'ër iz ellbej'niën
Më morën në punë	*They hired me*	dhei haj'rëd mi
Mua më pushuan	*I am fired*	aj em faj'rëd

Duke kërkuar punë
Searching for a job

Unë kam leje të punoj në SHBA	*I have a permit to work in the USA*	aj hev e permit' tu uork in dhi ju es ej
Unë s'kam leje për të punuar	*I haven't got a permit to work*	aj hevnt got e permit' tu uork
Akoma nuk e kam marrë lejen e punës	*I haven't received my work permit yet*	aj hevnot risiv'ëd maj uork permit' jet
Ku ta bëj kërkesën?	*Where do I apply?*	huer du aj eplaj'?
Lejen e punës ma ka	*I have gotten my*	aj hev go'tën maj

nxjerrë shoqëria që po më punëson	*work permit through the company that is hiring me*	uork permit' thru dhë kom'pani dhet iz haj'ring mi
Do të doja të gjeja një punë të përkohshme	*I would like to find a temporary job*	aj ud lajk tu fajnd e tem'përari xhob
Ku të gjejë informacion për vendet e lira?	*Where can I find out about job openings?*	huer ken aj fajnd aut ebaut xhob opën'ings?
Ku t'i gjejë reklamat "Kërkohet ndihmë"?	*Where can I find the "Help Wanted" ads?*	huer ken aj fajnd dhë "help uant'ëd" eds?
Unë jam i papunë	*I am unemployed*	aj em an'emploj'ëd
Kam diplomë shqiptare për inxhenieri	*I have an Albanian diploma in engineering*	aj hev en ellbej'niën diplo'ma in ënxhinir'ing
Ka këtu ndonjë agjenci punësimi?	*Is there an employment office here?*	iz dher en emploj'ment o'fis hir?
Kjo agjenci është shtetërore apo private?	*Is it a state or private employment service?*	iz it stejt or praj'vët emploj'ment ser'vis?
Mund të më ofroni ndonjë punë?	*Can you offer me something?*	ken ju ofer mi samthing?
Mund të më dërgoni një formular-kërkese, ju lutem?	*Would you please send me an application form?*	ud ju plli'iz send mi en eplikej'shën form?
Mund t'ju dërgoj rezumenë time?	*Can I send my resume?*	ken aj send maj rezume'?
Po ju telefonoj lidhur me reklamën tuaj	*I am calling about your ad*	aj em koll'ing ebaut jur ed
Do të doja të më caktonit një takim	*I would like to make an appointment*	aj ud lajk tu mejk en apoint'ment
Desha të flisja me ju lidhur me mundësinë për të punuar si...	*I would like to speak to you about working as a...*	aj ud lajk tu spik tu ju ebaut uorking es e...
Keni ndonjë vend të lirë?	*Do you have any position available?*	du ju hev eni përzish'ën ëvej'lebëll?
Kam një intervistë pune sot	*I have a job interview today*	aj hev e xhob intervju' tudej'
Do të doja që kontrata të zgjasë dy-tre muaj	*The desirable length of contract is two or three months*	dhë desirej'bëll length ov kon'trekt is tu or thri months
A është e mundur?	*Is it possible?*	iz it posibëll?

Unë pranoj një punë sezonale	*I am willing to work on a seasonal job*	aj em uilling tu uork on e si'zënall xhob
Kush është drejtuesi?	*Who is the boss here?*	hu iz dhë bos hir
Kërkoj një punë në kompaninë tuaj	*I am applying for a position with your company*	aj em eplaing' for e pëzish'ën uith jur kom'pani
Më vjen keq, tani s'kemi vende të lira	*Sorry, we have no position at the moment*	sorri, ui hev no pozish'ën et dhë mo'ment
Ju mund ta filloni punën të hënën	*You can begin working on Monday*	ju ken bigin' uork'ing on man'dej
Na telefononi nesër	*Call us tomorrow*	koll as tëmo'rrou

agjent	*agent*	ej'xhënt
asistent	*assistant*	ësis'tënt
bibliotekar	*librarian*	lajbrër'ian
biznesmen	*businessman*	biz'nismen'
bujk	*farmer, peasant*	farm'ër, pez'ënt
bukëpjekës	*baker*	bejk'ër
departament	*department*	dipart'ment
drejtoj	*manage, direct*	men'ixh, direkt'
drejtues	*manager*	men'ëxher
ekspert	*expert*	eks'përt
emigroj	*emigrate*	em'igrejt
fitoj	*to earn*	tu ërn
fotograf	*photographer*	fëtog'rafër
funksion	*function, duty*	fungk'shën, du'ti
funksionar	*public official*	pab'llik ofish'ëll
fushë	*field*	filld
grevë	*strike*	strajk
inspektor	*inspector*	inspekt'ër
inxhinier	*engineer*	enxhënir'
kërkesë	*application*	eplikej'shën
kërkesë bëj	*to apply*	tu epllaj'
koleg	*colleague*	koll'ig
kontratë	*contract*	kon'trekt
kuzhinier	*cook*	kuk
llogaritar	*bookkeeper*	buk'kip'ër
	accountant	e'kaun'tënt
lustaxhi	*bootblack*	but'blek
mësues	*teacher*	ti'çer
nëpunës	*clerk*	klerk
noter publik	*notary public*	nou'tëri pab'llik

orëndreqës	*watchmaker*	uoç'mejkër
organizoj	*to organize*	tu or'gënajz'
pagesë	*payment*	pej'ment
papunë (i, e)	*unemployed*	an'emplojëd
pa punë (mbetur)	*out of work*	aut ov uork
papunësi	*unemployment*	an'emploj'ment
pedagog	*lecturer*	lek'çërer
pension	*pension*	pen'shën
pensionist	*retired*	ritajr'ëd
personel	*personnel, staff*	për'sonel', staf
përfaqësues	*representative*	riprizen'tëtiv
përfitime	*benefits*	ben'efits
përkthyes	*translator*	trenslej'tër
	interpreter	intërprit'ër
post	*position*	pozi'shën
profesion	*profession*	profe'shën
pronar	*owner*	ou'ner
punë stinore	*seasonal work*	si'zënal uork
punë, zanat	*job, occupation*	xhob, okupej'shën
punëdhënës	*employer, boss*	emplo'jër, bos
punësim	*employment*	emploj'ment
punësuar (i, e)	*employed*	emploj'ëd
punëtor	*worker*	uork'ër
punëtor stinor	*seasonal worker*	si'zënal uork
punoj	*to work*	tu uork
punonjës	*employee*	emplloi'
pushoj	*to dismiss, fire*	dismis', fajr
pushuar (i, e)	*dismissed, fired*	dis'misëd, faj'rëd
rezyme	*resumé*	rezyme'
rrogë	*salary, wage*	sell'ëri, uejxh
sekretar	*secretary*	sek'ritëri
sekretari	*secretary's off.*	sek'ritëri o'fis
shef	*boss*	bos
shitës	*salesman*	sejlz'men
shitëse	*saleswomen*	sejlz'umën
shoqëri	*company*	kom'pani
sigurim	*insurance*	inshur'ëns
sigurim social	*social security*	so'shëll sik'juriti'
sindikatë	*union*	ju'niën
solidaritet	*solidarity*	sol'ider'iti
specialist	*specialist*	spesh'ëllist
studemt	*student*	stud'ent
turn	*shift*	shift
vend pune	*workplace*	uork'plejs
zyrë pune	*employ. office*	emploj'ment o'fis

Kujdesi për shëndetin
The health care

Pesë shqisat
Five Senses

dëgjim, dëgjoj	*hearing, to hear*	hir'ing, tu hir
nuhatje, nuhas	*smell, to smell*	smell, tu smell
prekje, prek	*touch, to touch*	taç, tu taç
shije, shijoj	*taste , to taste*	teist, tu tejst
shikim, shikoj	*sight, to see*	sajt, tu si

Trupi i njeriut
The human body

arterie	*artery*	ar'teri
ballë	*forehead*	for'hed
bark	*abdomen*	eb'domen
brinjë	*rib*	rib
bronke	*bronchi*	brong'ki
bërryl	*elbow*	ell'bou
buzë	*lips*	lips
dhëmb, dhëmbë	*tooth, teeth*	tuth, tith
dorë	*hand*	hend
kurriz i dorës	*back of the h.*	bek ov dhë h.
shuplakë e dorës	*palm*	palm
faqe	*cheek*	çik
flokë	*hair*	her
frymëmarrje	*respiration,*	respirej'shën
frymë (marrë)	*to breathe*	tu brith
fshikëz	*bladder*	bled'ër
fytyrë	*face*	fejs
fyt	*throat*	throut
gërsheta	*plaits*	plejts
gishtat e dorës	*fingers*	fin'gërs
- i madhi	*thumb*	thamb
- treguesi	*forefinger*	for'fin'gër
- i mesmi	*middle finger*	mid'ëll fin'gër
- i unazës	*ring finger*	ring fin'gër
- i vogli	*little finger*	lit'ëll fingër
gishti i këmbës	*toe*	tou
gishti i madh i k.	*big toe*	big tou
gjak	*blood*	bllad

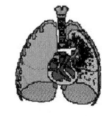

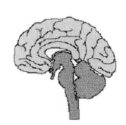

gjoks	breast, *chest*	brest, çest
gjuhë	*tongue*	tang
gju	*knee*	ni
gojë	*mouth*	mauth
grykë	*throat*	throut
hundë	*nose*	nouz
- flegër e hundës	*nostril*	nostril
ije	*hips*	hips
kyç i këmbës	*ankle*	ank'ël
këmbë-ët (shputa)	*foot, feet*	fut, fit
këmbë	leg	leg
kofshë	*thigh*	thaj
kokë	*head*	hed
krahëror	*chest*	çest
krah	*arm*	arm
kurriz	*back*	bek
kyç i dorës	*wrist*	rist
mëlçi	*liver*	livër
mjekër	*chin*	çin
mollëz	*cheekbone*	çik'bon
mushkëri	*lung*	lang
muskul	*muscle*	mas'ëll
nerv	*nerve*	nerv
nofullë	*jaw*	xhou
parakrah	*forearm*	for'arm
qafë	*neck*	nek
qarkullim gjaku	*blood circulation*	blad sërkulej'shën
qepallë	*eyelid*	aj'lid
qerpikë	*eyelashes*	aj'leshës
qiellëz	*palate*	pel'it
rrica	*curls*	kërls
sistem nervor	*nervous system*	nër'vëz sis'tem
sup	*shoulder*	sholl'dër
sy	*eye*	aj
sup, shpatull	*shoulder*	sholl'dër
stomak	*stomach*	stëm'ek
shpatullë	*scapula*	skep'jëlla
shpretkë	*spleen*	splin
shtyllë kurrizore	*vertebral column*	vër'tebral këll'ëm
thua	*nail*	neil
toraks	*thorax*	thor'eks
tres	*to digest*	tu daj'xhest
tretje	*digestion*	dajxhes'çën
trung	*trunk*	trangk
tru	*brain*	brein

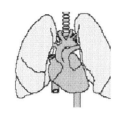
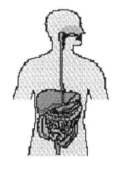
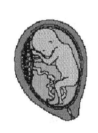
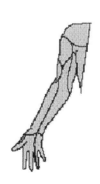

thembër	*heel*	hill
urinë	*urine*	jurin
venë	*vein*	vein
veshkë	*kidney*	kid'ni
vetullë	*eye-brow*	aj'brou
mish i dhëmbëve	*gum*	gam
zemër	*heart*	hart
zorrë	*intestine, bowels*	intes'tin, bouls

Tek doktori
At the Doctor

Nuk ndjehem mirë	*I don't feel very well*	aj dont fill ve'ri uell
Ndjej dobësi	*I feel very weak*	aj fill ve'ri uik
Unë jam i sëmurë	*I am sick*	aj em sik
Ku është spitali?	*Where is the hospital?*	huer iz dhë hos'pitël
Ku është urgjenca?	*Where is the Emergency room?*	huer iz dhi emër'-xhensi rum
Thirrni një ambulancë	*Call an ambulance*	koll en em'bjulans
Mund të më rekomandoni një mjek?	*Could you recommend a doctor?*	kud ju rek'ëmend' e dokt'ër?
Mund të më jepni adresën e tij?	*Could you give me the address of his office?*	kud ju giv mi dhi edres' ov his o'fis?
Ja tek e keni. Kërkoni një takim me telefon	*Here it is. Ask for an appointment by phone*	hir it iz. esk for en appoint'ment baj fon
Në ç'orë mund të më presë doktori?	*At what hour can the doctor see me?*	et huat haur ken dhë dok'tër si mi?
Çfarë keni?	*What is the trouble?*	huat iz dhë trab'ël?
Përse ankoheni?	*What is the problem?*	huat iz dhë prob'lem
Më tregoni ç'ndjeni	*Describe your symptoms to me*	diskrajb' jur sim'toms tu mi
Kam temperaturë të lartë	*I have a high temperature*	aj hev e haj tempera'çër
Kam tension të lartë gjaku	*I have high blood pressure*	aj hev haj bllad pre'zhër
Kam dhimbje koke	*I have a headache*	aj hev e hed'ejk
Jam helmuar nga ushqimi	*I have food poisoning*	aj hev fud poi'zëning

80

Ç'sëmundje keni pat-ur në të kaluarën?	*What illnesses have you had in the past?*	huat ill'nesës hev ju hed in dhë pest?
Keni bërë ndonjë operacion?	*Have you ever had an operation?*	hev ju ev'ër hed en opërej'shën?
Hapni gojën	*Open your mouth*	oupen jur mauth
Nxirrni gjuhën	*Let me see your tongue*	let mi si jur tang
Xhvishuni	*Take off your clothes*	tejk of jur klodhz
Ju keni (nuk keni) temperaturë	*You have (don.t have) a temperature*	ju hev (do'nt hev) e tempëre'çër
Keni dhimbje koke?	*Do you have headaches?*	du ju hev hed'ejks?
Tani po ju jap një recetë	*Now I will give you a prescription*	nau aj uill giv ju e preskrip'shën
Zbatoni recetën me përpikmëri	*Follow the prescription exactly*	follou dhë preskrip'shën ikzaktli
Barin do ta merrni ...	*Take this medicine ...*	tejk dhis medisin' ...
- dy herë në ditë	*twice a day*	tuajs e dej
- çdo katër orë	*every four hours*	ev'ëri for haurs
- para buke	*before meals*	bifor' mils
- pas buke	*after meals*	after mils
- nga një lugë gjelle	*a tablespoon*	e tej'bëllspun'
- nga një lugë çaji	*a teaspoon*	e ti'spun
- para gjumit	*before going to bed*	bifor' go'ing tu bed
Keni nevojë për ndër-hyrje kirurgjikale	*Surgery is necessary*	sër'xheri iz nes'iseri
Bëni këto inxheksione tre në ditë për pesë ditë me rradhë	*Take these injections three times a day for five consecutive days*	tejk thi'iz inxhek'shëns thri tajms e dej for fajv kënsek'jutiv dejs
Falemnderit, doktor	*Thank you, doctor*	thenk ju, dok'tër
Sa ju detyrohem?	*How much do I owe you?*	hau maç du aj ou ju?

Simptomat
Simptoms

abces	*abscess*	ab'ses
alergji	*allergy*	el'ërxhi
anemi	*anemia*	ani'mia
anginë	*angina*	enxhi'na

apendicit	*appendicitis*	apindisi'tis
artrit	*arthritis*	arthraj'tis
azmë	*asthma*	ez'ma
bronkit	*bronchitis*	bronkaj'tis
diabet	*diabetes*	dajabi'tis
dhimbje	*pains*	peins
dhimbje barku	*stomachache*	stëmak'eik
dhimbje gryke	*sore throat*	sour throt
dhimbje koke	*headache*	hed'eik
djegje në stomak	*stomach burns*	stomak bërns
dobësi	*weakness*	uik'nes
dobët (i, e)	*weak*	uik
enjtje	*inflammation*	inflamej'shën
enjtur (i, e)	*inflamed*	inflejm'ëd
ethe	*fever*	fiv'ër
frakturë	*fracture*	frak'çër
fruth	*measles*	mi'zëls
fryrë (i, e), fryrje	*swollen, swelling*	suoll'ën, suell'ing
ftohje	*cold*	kold
hemoragji	*hemorrhage*	hem'ërrixh
hemorroide	*hemorrhoid*	hem'ërroid
infarkt	*heart atack*	hart etek'
kancer	*cancer*	ken'sër
katarakt	*cataract*	ket'ërekt
katarre	*catarrh*	kë'tar
kollë	*cough*	kof
kollë e bardhë	*hooping cough*	hup'ing kof
kollitem	*to cough*	tu kof
krimba	*tapeworm*	tejp'uërm
leuçemi	*leukemia*	ljuki'mia
marrje mendsh	*giddiness*	xhidi'nes
nefrit	*nephritis*	nefraj'tis
nevralgji	*neuralgia*	njural'xhia
nevrasteni	*neurasthenia*	njura'stenia
otit	*otitis*	otaj'tis
pagjumësi	*insomnia*	insom'nia
plagë	*wound*	und
reumatizëm	*rheumatism*	riu'matizm
rrahje të shpeshta	*palpitations*	pelpitej'shëns
rrufë	*influenza, flu*	influenca, fllu
skarlatinë	*scarlet fever*	skar'lit fivër
shok	*shock*	shok
temperaturë	*temperature*	tempera'çër
- mas temp.	*to take the temp.*	tu tejk dhë temp.
tështij	*to sneeze*	tu sniz

tështitje	*sneezing*	sniz'ing
vjell	*to vomit*	tu vom'it
vjellje	*vomit*	vom'it
tifo	*typhus*	taj'fës
tonsilit (bajame)	*tonsillitis*	tonsëllaj'tis
tuberkoloz	*tuberculosis*	tjubër'kjëlou'zis
tumor beninj	*benign tumor*	ben'ajn tjum'ër
tumor malinj	*malignant tumor*	malinjant tjum'ër
ulçer duodenale	*duodenal ulcer*	djuode'nal ul'ser
ulçer gastrike	*gastric ulcer*	ges'trik ul'ser
variçelë	*chicken pox*	çik'ën poks

Tek dentisti
At the dentist

Mund të më rekoman-doni një dentist?	*Can you recommend a dentist?*	ken ju rek'ëmend' ë den'tist?
Desha të më caktoni një takim	*I would like to make an appointment with you*	aj ud lajk tu mejk en apoint'ment uith ju
Kur mund të vij?	*When can I see you?*	Huen ken aj si ju?
Më dhëmb dhëmballa	*I have a toothache*	aj hev e tuth'ejk
Ju lutem ma hiqni këtë dhëmballë	*Please pull (extract) this tooth*	plli'iz pull (ik'strekt) dhis tuth
Hapni gojën, ju lutem	*Open the mouth please*	oup'ën dhë mauth plli'iz
Kjo dhëmballë? Jo?	*This one? No?*	dhis uan? nou?
Kjo tjetra? Po?	*This one? Yes?*	dhis uan? jes?
Më lini ta shoh	*Let me look at it*	let mi lluk et it
Është prishur keq	*It is badly decayed*	it iz bed'lli dikejd'
Sot do ta gërryej dhe mjekoj	*Today I will drill and medicate it*	tudej aj uill drill end medikejt' it
Ejani pas tri ditësh që ta mbush	*Return after three days to fill it*	ritërn' uithin thri dejs to fill it

dentist	*dentist*	den'tist
dhëmb, dhëmbë	*tooth, teeth*	tuth, tith
dhimbje dhëmballe	*toothache*	tuth'ejk
dhimbje	*pain*	pein
gërryej	*to drill*	tu drill
heq	*to extract*	tu ik'strekt

mbush dh.	*to fill*	tu fill
mbushje	*filling*	ill'ing
mish i dh.	*gum*	gam
mjekoj	*to medicate*	tu medikejt'
prishur (i, e)	*decayed*	dikejd'
thyer (i, e)	*broken*	brouk'ën

Në farmaci
At the pharmacy

Kjo është farmacia	*This is the pharmacy*	dhiz iz dhë far'mësi
E keni këtë bar, ju lutem?	*Do you have this - medicine please?*	du ju hev dhis med'isin plli'iz
Më përgatisni, ju lutem, këtë recetë	*Please fill this prescription*	plli'iz fill dhis preskrip sh'ën
Kur bëhen gati barnat?	*When will the medicine be ready?*	huen uill dhë med'isin bi re'di?
Mund të ma jepni këtë bar pa recetë?	*Can you give me this medicine without a prescription?*	ken ju giv mi dhis med'isin uithaut' ë preskripsh'ën?
Ju lutem, më jepni një qetësues dhe një leukoplast	*Please, give me a sedative and some plasters*	plli'iz, giv mi e sed'ëtiv end sam pllas'tërs
Dua ndonjë gjë për dhëmbjet në stomak	*I want something for stomach pain*	aj uant sam'thing for stam'ëk pein
Sa bëjnë, ju lutem?	*How much is this?*	hau maç is dhis?

bar, medikament	*medicine*	med'isin
bar për dhimbje	*pain killer*	pein kill'er
farmaci, barnatore	*pharmacy, drug store*	far'mësi, drag stor
fasho	*bandage*	bandixh
leukoplast	*plaster*	pllas'tër
pambuk	*cotton wool*	kot'ën ull
purgativ	*purgative*	për'gëtiv
qetësues	*sedative*	sed'ëtiv
recetë	*prescription*	preskripsh'ën
përgatis recetën	*to fill the prescription*	to fill dhë preskripshën

Shërbimet personale
Personal services

Riparim këpucësh
Shoe repair

Mund të m'i ndreqni këpucët, ju lutem?	*Please, can you repaire my shoes?*	plli'iz ken ju riper' maj shuz?
Më janë prishur takat	*My heels are broken*	maj hills ar brou'kën
Më është prishur sholli	*My sole has come off*	maj soul hez kam of
Mund t'i qepni?	*Can you sew my shoes?*	ken ju sju maj shuz'
Kur mund të vij t'i marr?	*When can you let me have it?*	huen ken ju let mi hev it
Ju lutem, m'i fshini këpucët	*I want to have them cleaned*	aj uant tu hev dhem klinëd
Më duhet një furçë	*I need a shoe brush*	aj nid e shu brash
Keni bojë këpucësh të zezë?	*Do you have a tin of black shoe polish?*	du ju hev e tin ov bllek shu polish?

bojë këpucësh	*shoe polish*	shu poll'ish
- bojë qielli	*blue*	bllu
- gri	*gray*	grej
- kafe	*brown*	braun
- e bardhë	*white*	huajt
- e zezë	*black*	blek
- vishnje	*cherry*	çerri
dyqan këpucësh	*shoe store*	shu stor
furçë këpucësh	*shoe brush*	shu brash
këpucar	*shoemaker*	shu'mejkër
kuti boje	*tin of shoe polish*	tin of shu poll'ish
lustroj	*to polish*	tu poll'ish
ndreq	*repair*	riper'
pastroj këpucët	*to clean*	tu klin
prishet	*to come off*	tu kam of
prishur (i, e)	*broken*	brouk'ën
qep	*to sew*	sju
riparim këpucësh	*shoe repair*	shu riper'
sholl këpucësh	*sole*	soul
taka	*heels*	hills

Pastrimi kimik
Dry cleaner's

Dua të pastroj fundin	*I would like to get my skirt cleaned*	aj ud lajk tu get maj skërt klinëd
Më ka rënë një njollë këtu	*I have got a stain up here*	aj hev gat e stejn ap hir
Kur do të jetë gati?	*When will it be ready?*	huen uill bi it re'di
Kur mund t'i marr teshat?	*When can I get my clothes back?*	huen ken aj get maj kloudh'ëz bek
Më duhen për nesër	*I want to have it done by tomorrow*	aj uant tu hev it dan baj tëmo'rrou
Ju lutem, ma bëni tani në kohën që pres	*Please do it while I wait*	plli'iz, du it huajl aj uejt
Jo, kjo nuk është imja	*No, that is not mine*	nou, dhet iz no majn
E imja është e zezë	*Mine is black*	majn iz blek
Dua të hekurosni vetëm këtë	*I want only this pressed*	aj on'lli uant dhis pres'ëd
Ky kostum u pastrua në pastrimin kimik	*This suit was cleaned at the dry cleaner's*	dhis sut uaz klin'ëd et dhë draj klin'ers

bëhet gati	*to be done*	tu bi dan
bëj	*to do*	tu du
gati	*ready*	re'di
hekur	*iron*	aj'ërn
hekuros	*to iron, to press*	tu aj'ërn, tu pres
imi/imja	*mine*	majn
këtu	*up here*	ap hir
marr	*to get*	tu get
njollë	*stain*	stejn
pastrim kimik	*dry cleaner*	draj klin'ër
pastroj	*to clean*	tu klin
- fundin	*the skirt*	dhë skërt
- kostumin	*the suit*	dhë suit
- pallton	*the coat*	dhë kout
- pantallonat	*the trousers*	dhë trauzerz
- pardesynë	*the raincoat*	dhë rein'kout
- xhaketën	*the jacket*	dhë xhek'it
pastrohem	*to be cleaned*	tu bi klin'ëd
tesha	*clothes*	klouthz

CLEANERS

Në lavanteri
In the laundry

Po shkoj të lajë teshat në lavanteri	*I'm going to wash the clothes in the laundry*	ajm go'ing to uosh dhë klouz in dhë lon'dri
Ç'monedha duhen për këtë makinë?	*What coins does this machine use?*	huat koins daz dhis me'shin juz?
Punon makina e thyerjes së parave?	*Does the money-changing machine work?*	daz dhë mani'çejnxh'-ing me'shin uork
Më shpjegoni ju lutem si punon makina	*Show me please how this machine works*	shou mi plli'iz hau dhis me'shin uorks
Futi teshat brenda në makinën larëse	*Put the clothes in the washing machine*	put dhë klouz in dhi uosh'ing mesh'in
Mbylle derën	*Close the door*	klouz dhë dor
Kur duhet hedhur detergjenti?	*When do you add the detergent?*	huen du ju ed dhë ditër'xhent
Mos përdor aq shumë detergjent	*Don't use so much detergent*	dont juz so maç ditër'xhent
Hape derën	*Open the door*	oup'ën dhë dor
Nxirri teshat jashtë	*Take the clothes out*	tejk dhë klouz aut
Ku janë tharëset?	*Where are the dryers?*	huer ar dhë draj'ërs
hedh detergjent	*to add the detergent*	tu ed dhë ditër'xhent
laj	*to wash*	tu uosh
	to launder	tu lond'ër
lahem	*to be washed*	to be *washed*
larje rrobash	*washing, laundry*	uosh'ing, lon'dri
larë (i, e)	*washed, laundered*	uosh'ëd, lond'ërd
lavanteri	*laundromat, laundry*	lan'drëmet, lon'dri
makinë larëse	*washing machine*	uosh'ing me'shin
makinë për të thyer paratë	*money-changing machine*	mani' çejnxh'ing me'shin
makinë tharëse	*dryer*	draj'ër
përdor	*use*	juz
punon (si)	*how it works*	hau it uorks
tesha	*clothes*	klodhz
shpjegoj	*to explain*	to ek'splein

Tek orëndreqësi
At the watchmaker

Ora ime duhet ndrequr	*My watch needs to be repaired*	maj uoç nids tu bi riper'ëd
Ora ime shkon përpara	*My watch is fast*	maj uoç iz fest
Më është thyer xhami i orës	*My watch glass is broken*	maj uoç gles iz brouk'ën
Dua të ndërroj baterinë	*I woud like to have a new battery*	aj ud lajk tu hev e nju bet'ëri
U këput zembereku	*The spring is broken*	dhë spring iz brouk'ën
Ju lutem, ma ndreqni tani	*Please do it while I am waiting*	plli'iz, du it huajl aj em uejt'ing
Kur të vij ta marr?	*When can I get it back?*	huen ken aj get it bek?
Unë dua të blej një orë dore	*I would like to buy a wrist-watch*	aj ud llajk tu baj e rist-uoç
Çfarë marke është kjo orë?	*What make is this watch?*	huat mejk iz dhiz uoç

ç'marke është	*what make is*	huat mejk iz
kurdis	*to wind*	tu uajnd
ndreq	*to repair*	tu riper'
orë dore	*wrist-watch*	rist-uoç
- me lavjerrës	*pendulum clock*	pen'djëllëm kllok
- me zile	*alarm clock*	ëllarm' kllok
- muri	*wall clock*	uoll kllok
- tavoline	*table clock*	tej'bëll kllok
- xhepi	*grand-father clock*	grend'fadh'ër kllok
ora	*the watch*	dhi uoç
- është 5 minuta para	*is 5 minutes ahead*	iz fajv min'its ehed'
- është 8 minuta prapa	*is 8 minutes behind*	iz ejt min'its bihajnd'
- ka mbetur	*- has stopped*	- hez stop'ëd
- mbetet prapa	*- is slow*	iz slou
- nuk kurdiset	*- doesn't wind*	daznt uajnd
- shkon përpara	*- is fast*	iz fest
orëndreqës	*watchmaker*	uoç'mejk'ër
thyej	*to broke*	to brouk
xham sahati	*watch glass*	uoç gless
zemberek	*spring*	spring

Në flokëtore
At the hairdresser
(Beauty Salon)

Dua të rruhem	*I would like a shave*	aj ud llajk e shejv
Dua të qethem	*I wish to have my hair cut*	aj uish tu hev maj her kat
Duhet të pres shumë?	*Do I have to wait long?*	du aj hev tu uejt long?
Uluni, ju lutem	*Please, sit down*	plli'iz, sit daun
Si doni të qetheni?	*How do you wish to have it cut?*	hau du ju uish tu hev it kat?
Jo shumë shkurt	*Not too short*	not tu short
- të gjatë përpara,	*long in front,*	long infront,
- fare të shkurtër prapa	*very short in the back*	ve'ri short in dhë bek
Më duket se m'i keni prerë shumë	*I think you cut my hair too short*	aj think ju kat maj her tu short
Dua të caktoj një takim për sot në orën katër pasdite për të larë flokët dhe për t'i bërë permanent	*I wish to fix an appointment for this afternoon at four, to have my hair washed and permed*	aj uish tu fiks en ëpoint'ment for dhis ef'tërnun' et for, tu hev maj her uosh'ëd end perm'ëd
Ja një revistë mode, zgjidhni modelin që doni	*Here is a fashion magazine. You can choose the style you like best*	hir iz e feshën meg'-ëzin ju ken çuz dhë stajl ju lajk best
Më thoni nëse uji është tepër i nxehtë	*Tell me if the water is too hot*	tell mi if dhi uotër iz tu hat
M'i krihni flokët më prapa ju lutem	*Please, comb my hair more to the back*	plli'iz, komb maj her mor tu dhë bek

berber	*barber*	barb'ër
bëj permanent	*to perm*	tu perm
	to have permed	to hev perm'ëd
flokë	*hair*	her
flokëtore	*barber shop*	bar'bër shap
	beauty salon	bju'ti sell'on
flokëtar	*hairdresser*	herdres'ër
kreh flokët	*to comb the hair*	tu komb dhë her
model	*style*	stajl

pëlqej	*to like*	tu lajk
përpara	*in front*	in front
prapa	*in the back*	in dhë bek
qethem	*to cut the hair*	tu kat dhë her
	to have a haircut	tu hev a herkat
revistë mode	*fashion magazine*	feshën meg'ëzin
rruaj	*to shave*	tu shejv
rruhem	*to be shaved*	tu bi shejv'ëd
	to have a shave	tu hev e shejv
shkurt	*short*	short
shkurtoj	*to cut short*	tu kat short
	to shorten	to short'ën
zgjedh	*to choose*	tu çuz

TAILOR

Tek rrobaqepësi për burra
At the tailor

Dua të më qepni një kostum	*I would like you to make me a suit*	aj ud llajk ju tu mejk mi e sut
Më qepni ju lutem një këmishë mëndafshi	*Please, will you make me a silk shirt?*	pliz, uill ju mejk mi e silk shërt
Më tregoni ca stofra leshi ju lutem	*Let me see some woolen materials please*	let mi si sam ull'ën mëtir'iëls pliz
Mund të shoh një revistë mode për burra	*Let me see a men's fashion magazine*	let mi si e mens fash'ën meg'ëzin
Do të m'i merrni masat?	*Will you take my measurements?*	uill ju tejk maj mezh'ërments
Kur mund të vijë për ta provuar?	*When may I come to try it on?*	huen mej aj kam tu traj it on?
Sa kushton kostumi, përfshirë stofin?	*What will the suit cost including the material?*	huat uill the sut kost inklud'ing the mëtir'iël
Po qepja vetëm?	*The making only?*	dhë mejk'ing on'lli
Shihuni në pasqyrë	*Look at yourself in the mirror*	lluk et jur'self in dhë mirr'ër
Xhaketa është tepër e ngushtë (tepër e gjerë)	*The jacket is too tight (too large)*	dhë xhek'it iz tu tajt (tu larxh)
Mëngët janë të gjata, pantallonat janë të	*The sleeves are too long, the trousers are*	dhë slivz ar tu long, dhë trouz'ërs ar

90

shkurtëra	*too short*	tu short
Kjo pardesy nuk më rri mirë	*This overcoat does not hang well*	dhis o'vërkot daz not heng uell
Kur kopsitet bën rrudha	*When it is buttoned it wrinkles*	huen it iz bat'ënd it rink'ëls
Mund t'i ndreqni këto defekte?	*Can you correct these defects?*	ken ju korrekt' dhis di'fekts?
Kur të vij për provën e dytë?	*When shall I come for a second fitting?*	huen sholl aj kam for e sek'ënd fit'ing?
Kur mendoni ta për-fundoni kostumin?	*When do you think you can finish the suit?*	huen du ju think ju ken fi'nish dhë sut?
bën rrudha	*it wrinkles*	it rink'ëls
burrash	*men's*	mens
defekt	*defect*	di'fekt
fill	*filament*	fill'ëment
gjatë (i, e)	*long*	long
gjerë (i, e)	*large*	larxh
gjilpërë	*needle*	nid'ëll
këmishë	*shirt*	shërt
kopsit	*to button it*	tu bat'ën
kopsitur (i, e)	*buttoned*	bat'ënd
kostum	*suit*	sut
masa	*measurements*	mezh'ërments
- marr masat	*to take measurements*	tu tejk mezh'ërments
mëngë	*sleeves*	slivz
ndreq	*to correct*	tu korrekt'
ngushtë (i, e)	*tight*	tajt
pantallona	*trousers*	trou'zërs
pardesy	*overcoat*	o'vërkot
pe	*thread*	thred
përfundoj	*to finish*	tu fin'ish
provë	*fitting*	fit'ing
provoj	*to try on*	to traj on
qep	*to sew*	tu sou
qep një kostum	*to make a suit*	tu mejk e sut
rri mirë	*to hang well*	tu heng uell
	to fit well	tu fit uell
rrobaqepës	*tailor*	tejl'ër
shkurtër(i, e)	*short*	short
shkurtoj	*to shorten*	tu shortën
stof	*materials*	mëtir'iël
zgjas	*to lengthen*	tu length'ën

Clothier

Tek rrobaqepësi për gra
At the dressmaker

Dua të qep një fustan mëngjesi	*I wish to have made a morning dress*	aj uish tu hev mejd ë morn'ing dres
Dua një fustan elegant për pasdreke	*I wish to have an elegant afternoon dress*	aj uish tu hev ën el'igant ef'tërnun' dres
Mund të më tregoni ndonjë model?	*Can you show me some designs (patterns)?*	ken ju shou mi sam dizains' (pet'ërns)?
Më pëlqen ky model me grykë të mbyllur	*I like this model with closed neck*	aj llajk dhis mod'ël uith klouz'ëd nek
Po ju bëj vetë një skicë të modelit që dua	*I will sketch myself the pattern that I want*	aj uill skeç majself dhë pet'ërn dhet aj uant
Sa inçë stof duhen?	*How many inches of material are necessary?*	hau me'ni inç'ës ov mëtir'iël ar nes'isari?
Duhet tua sjellë stofin apo e siguroni ju vetë?	*Shall I bring you the material or can you supply it yourself?*	sholl aj bring ju dhë mëtir'iëll or ken ju sëpllaj' it jur'self?
Rrobat dhe llogarinë m'i dërgoni në shtëpi	*Send the dress with the bill to my house*	send dhë dres uith dhë bill tu maj hauz

elegant	*elegant*	el'igant
faturë	*bill*	bill
fustan	*dress*	dres
- leshi	*woollen dress*	ull'ën dres
- mbrëmjeje	*evening dress*	ivn'ing dres
- mëngjesi	*morning dress*	mor'ning dres
- pambuku	*cotton dress*	kot'ën dres
- satini	*satin*	set'ën dres
- tuli	*tulle dress*	tul dres
grykë të mbyllur (me)	*with closed neck*	uith klouz'ëd nek
më pëlqen	*I like*	aj llajk
model	*design, pattern*	dizain', pet'ërn
mund të më tregoni	*can you show me*	ken ju shou mi
qep fustan	*to make a dress*	tu mejk e dres
rrobaqepës për gra	*dressmaker*	dresmejk'ër
siguroj, furnizoj	*to supply*	tu sëpllaj'
skicoj	*to sketch*	tu keç

Cigareshitësi

The tobacco shop

Më jepni, ju lutem, një Malboro dhe një kuti shkrepse	*Please, give me a packet of Malboro and a box of matches*	pliz, giv mi e pek'it ov mal'boro end ë baks ov meç'is
Dua një paketë me cigare të forta	*I would like a packet of strong cigarettes*	aj ud lajk a pek'it strong sig'ërets
Çfarë marke më këshilloni të blejë?	*What brand can you advice me to buy?*	huat brend ken ju edvajs' mi tu baj
Keni cigare të jashtme?	*Have you any foreign cigarettes?*	hev ju eni for'in sig'ërets
Desha një llullë	*I would like a pipe*	aj ud lajk e pajp
E pini duhanin?	*Do you smoke?*	du ju smouk
Po, e pij	*Yes, I do*	jes, aj du
Unë pij puro	*I smoke cigar's*	aj smouk sigars
Urdhëroni një cigare ju lutem	*Have a cigarette please*	hev e sig'ëret pliz

cigare	*cigarette*	sig'ëret
- me filtër	*with filter*	uith filt'ër
- pa filtër	*without filter*	uithaut filt'ër
- të buta	*light*	lajt
- të forta	*strong*	strong
- të jashtme	*foreign cigarettes*	for'in
cigarishte	*cigarette holder*	sig'aret hould'ër
çakmak	*lighter*	lajt'ër
duhan për llullë	*pipe tobacco*	pajp tëbek'o
duhan	*tobacco*	tëbek'o
duhanshitës	*tobacconist*	tëbek'ënist
letër duhani	*rolling paper*	rolling pej'për
llullë	*pipe*	pajp
markë	*brand*	brend
ndalohet duhani	*no smoking allowed*	nou smouk'ing ello'ud
paketë	*packet*	pek'it
pij duhan	*to smoke*	tu smouk
pirja e duhanit	*smoking*	smouk'ing
puro	*cigar*	sigar'
qese duhani	*tobacco-pouch*	tëbek'o poush
shkrepse	*matches*	meçëz

Në librari
In the book store

Libraria është afër shtëpisë suaj	*The book store is not far from your house*	dhë buk stor iz not far from jur hauz
Ky është dyqan bukinistik	*This is a second-hand bookshop*	dhis iz e sek'ënd hend buk'shop
Më tregoni, ju lutem, katalogun e botimeve të fundit	*Please, will you show me the catalogue of the last publications*	pliz, uill ju shou mi dhë ket'log of dhë lest publikej'shëns
Sa kushton ky libër?	*How much does this book cost?*	hau maç daz dhis buk kost
Keni ju lutem letërsi artistike?	*Do you have literary works?*	du ju hev lit'ëreri uorks
Dua të abonohem në këtë revistë javore	*I want to subscribe to this weekly magazine*	aj uant tu sëbskrajb tu dhis uik'lli meg'ëzin'
Më duhet një fjalor anglisht-shqip	*I need an English-Albanian dictionary*	aj nid en ingll'ish-elbejn'iën dik'shëneri
abonohem	*to subscribe*	tu sëb'skrajb
dyqan bukinistik	*secondhand bookshop*	sek'ënd hend buk'shop
enciklopedi	*encyclopedia*	ënsiklopi'dia
fjalor	*dictionary*	dik'shëneri
- anglisht-shqip	*English-Albanian d.*	inglish-albejnian d.
- shqip-anglisht	*Albanian-English d.*	en albejnian-inglish d.
gazetë	*newspaper*	njus'pej'për
gramatikë e anglishtes	*English Grammar*	inglish grem'ër
katalog	*catalogue*	ket'log
libër	*book*	buk
libër leximi	*reading book*	rid'ing buk
librari	*book store, bookshop*	buk stor, buk'shop
librashitës	*bookseller*	buksell'ër
përditshme (e)	*daily newspaper*	dej'li njus'pej'për
përjavshme (e)	*weekly*	uik'lli
revistë	*magazine*	meg'ëzin
vepër artistike	*literary work*	lit'ëreri uork
- filozofike	*philosophical work*	filësof'ikël uork
- historike	*historical work*	histor'ikël uork
- shkencore	*scientific work*	sajënti'fik uork

Në kinkaleri
At the stationery

Kjo është kinkaleri	*This is a Stationary*	dhis iz e stej'shëneri
Më jepni ju lutem	*Please, give me*	pliz giv mi
një shishe boje	*an inkpot*	en ingk'pot
A keni lapsa	*Do you have*	du ju hev
boje?	*colored pencils?*	kall'ërd pen'sills
Dua një stilolapës	*I want a pen*	aj uant e pen
Sa kushton një pako	*How much does a pack*	hau maç daz e pek
me zarfa?	*of envelopes cost?*	ov en'vëlops kost?

fletore	*copybook*	ka'pibuk
— me kutija	*squared —*	skuer'ëd —
— me vija	*lined*	llajn'ëd —
fletore shënimesh	*notebook*	not'buk
kinkaleri	*stationary*	stej'shëneri
lapës	*pencil*	pen'sill
— i zi	*- black*	— blek
— kopjativ	*— indelible*	— indel'ibëll
lapsa boje	*colored pencils*	kall'ërd pen'sills
letër kopjative	*carbon paper*	kar'bën pej'për
— daktilografimi	*typewriting p.*	tajp'rajt'ing pejpër
— shkrimi	*notebook p.*	not'buk pej'për
— e bardhë	*white p.*	huajt p.
— vizatimi	*drawing p.*	dro'ing pej'për
letër-thithëse	*blotting paper*	blot'ing pej'për
pako	*pack*	pek
shishe boje	*inkpot*	ingk'pot
stilograf	*fountain pen*	foun'ten pen
stilolapës	*pen*	pen
vizore	*ruler*	rull'ër
zamk	*glue*	gllu
zarf	*envelope*	en'vëllop

95

AGAZINA DHE DYQANE
STORES AND SHOPS

Në dyqanin universal
At the department store

Ky është dyqan universal	*This is a department store*	dhis iz e dipart'ment stor
Ju lutem, në ç'kat është reparti i mobiljeve?	*Please, on which floor is the furniture department?*	plli'iz, on huiç flor iz dhë fërniçër dipart'ment
Ku është, ju lutem, reparti i rrobave të gatshme për burra?	*Please, where is the men's apparel?*	plli'iz, huer iz dhë mens ëper'el
Ku është reparti i rrobave për gra?	*Where is the women's clothing department?*	huer iz dhë uim'ins kloth'ing dipart'ment
Ky është reparti i këpucëve	*This is the shoe department*	huer iz dhë shu dipart'ment
Ku mund të blejë ...?	*Where can I buy ...?*	huer ken aj baj ...
Më duhet ...	*I need ...*	aj nid ...
Unë dua të blejë ...	*I want to buy ...*	aj uant tu baj ...
Unë po shoh për ...	*I am looking for ...*	aj em lluk'ing for ...
Do të doja të shihja ...	*I would like to see ...*	aj ud lajk tu si ...
Mua më intereson ...	*I am interested in ...*	aj em in'tristid in ..
Ju lutem, më tregoni ...	*Please show me ...*	plli'iz shou mi ...
Çfarë urdhëroni?	*May I help you?*	mej aj help ju
Vetëm sa po shikoj	*I am just looking*	aj em xhast lluk'ing
Ju falemnderit	*Thank you*	thenk ju
Ju lutem, më jepni ...	*Please give me ...*	plli'iz giv mi ...
A keni në shitje këmisha?	*Do you have shirts in stock?*	du ju hev shërts in stok?
Sa kushton kjo?	*How much does it cost?*	hau maç daz it kost
Për sa kohë është garancia.	*How long ts the guarantee for?*	hau long iz dhë ger'anti for
Ku është ashensori?	*Where is the elevator?*	huer iz dhi il'evej'tër
Ku është dalja?	*Where is the exit?*	huer iz dhi eg'zit

Tabela
Signs

ADJUSTMENTS	exhast'ments	Riparime
ANTIQUES	entiks'	Sende antike
AUTO SALES	o'të sejls	Shitje automobilash
BAKERY	bejk'ëri	Dyqan buke
CAMERA SHOP	kem'ëra shop	Fotoaparate
CANDY STORE	ken'di stor	Dyqan sheqerkash
CARPETS	kar'pits	Qilima
CLOSED	kllouz'ëd	Mbyllur
COSMETICS	kozmet'iks	Kosmetikë
DELIVERY ENTRANCE	diliv'ëri en'trëns	Hyrja për punë
GIRL'S	gërls	Për vajza (kthinë)
GOLD	gold	Dyqan arturinash
FITTING ROOM	fit'ing rum	Dhomë prove
LADIES	led'is	Për gra
MEN'S	mens	Për burra
OPEN MONDAY	oup'ën mandi	Hapur të hënën
THROUGH SATURDAY	thru satërdi	deri të shtunën
PULL	pull	Tërhiqe (derën)
PUSH	push	Shtyje (derën)
SIGNS	sajns	Sajns
STORE HOURS:	stor haurs	Orari:
9AM-8PM	najn ej em - ejt pi em	8 para d. - 20 pas d
WOMEN'S	uim'ins	Për gra
40% OFF	forti persent of	40 zbritje

Masat e teshave - Sizes
Emërtimet e shkurtuara të masave

S - *small* (10-12)	smoll	num. i vogël
M - *medium* (14-16)	mi'dium	mesatar
L - *large* (18)	llarxh	i madh
XL - *extra large* (20-22)	ek'stra llarxh	shumë i madh

Në dyqanin e rrobave të gatshme
At the clothes store

Kur hapet dyqani?	*When does the store open?*	huen daz dhë stor oup'ën
Deri kur është i hapur dyqani?	*How late is the store open?*	hau lejt iz dhë stor oup'ën
Unë po kërkoj një xhaketë	*I am looking for a jacket*	aj em lluk'ing for e xhek'it
Ju lutem më tregoni një kravatë	*Please show me a collar*	plli'iz shou mi e koll'ër
Më duhet një pulovër	*I need a pullover*	aj nid e pull'ovër
Do të doja të shihja ca kostume	*I would like to look at some suits*	aj ud lajk tu lluk et sam suts
Kërkoj një kostum prej stofi të lehtë	*I am looking for a lightweight suit*	aj em lluking for e lajt'uejt sut
Çfarë numri është ky?	*What size is this?*	huat sajz iz dhis?
Mua më duhet N° 50	*I need size 40*	aj nid sajz for'ti
Dua një kravatë që të shkojë me kostumin	*I want a tie to match my suit*	aj uant e taj tu meç maj sut
Kjo xhaketë është tepër e ngushtë	*This jacket is too tight*	dhis xhek'it iz tu tajt

Tabela krahasuese e masave të teshave

Rrobat për gra		Kostumet për burra		këmishat për burra	
Nr. evrop.	Nr. am.	Nr. evrop.	Nr. am.	Nr. evrop.	Nr. am.
36	8	50	40	36	14
38	10	52	42	37	14 1/2
40	12	54	44	38	15
42	14	56	46	39	15 1/2
44	16	58	48	40	16
46	18			41	16 1/2
48	20			42	17
				43	17 1/2

Ju lutem, më jepni një numër më të madh	*Please, give me a larger size*	plli'iz giv mi e larxhër sajz
Kjo pallto është tepër e gjatë	*This coat is too long*	dhis kout iz tu long
Kjo ka dalë nga moda	*This is already out of fashion*	this iz ollre'di aut ov fesh'ën
Kjo është në modë	*This is in fashion*	dhis iz in fesh'ën
Më falni, mund ta provoj?	*Excuse me, can I try this on?*	ek'skjuz mi, ken aj traj dhis on
Ku është dhoma e provës?	*Where is the fitting room?*	huer iz dhë fit'ing rum?
Më pëlqen	*It is fine, I like it*	it iz fajn, aj llajk it
Nuk më pëlqen	*I do not like it*	aj dont lajk it
Pikërisht ajo që doja	*It is just what I wanted*	it iz xhast huat aj uant'ëd
Si më rri?	*How does it look?*	hau daz it lluk?
Mund të më ndih-moni ju lutem?	*Can you help me, please?*	ken ju help mi plli'iz
Kjo qenka shumë e shtrenjtë	*It is very expensive*	it iz veri ikspen'siv
S'keni ndonjë më të lirë?	*Do you have any-thing cheaper?*	du ju hev enithing çip'ër
Po e marr, falemnderit	*I will take it, thanks*	aj uill tejk it, thenks
Nuk do ta marr	*I will not take it*	aj uill not tejk it
A mund ta këmbej?	*Can I exchange this?*	ken aj iks'çejnxh dhis
Ku ta bëj pagesën?	*Where do I pay?*	huer du aj pej
Ku është arkëtari?	*Where is the cashier?*	huer iz dhë kesh'ir
Sa është taksa?	*How much id the tax?*	hau maç iz dhë taks
Ma paketoni, ju lutem	*Pack it for me please*	Pek it for mi, plli'iz
I paketoni bashkë, ju lutem.	*Pack these together please.*	pek dhiz tugedh'ër, plli'iz.
Mund ta kthej këtë xhaketë?	*Can I return this jacket?*	ken aj ritërn' dhis xhek'it?
Më vjen e vogël	*It is small*	it iz smoll.
E bleva dje	*I bought it yesterday*	aj bot it jes'tërdej
Mund të m'i ktheni paratë?	*Can I have my money back?*	ken aj hev maj ma'ni bek

arkëtar/e	*cashier*	kesh'ir
bashkë	*together*	tugedh'ër,
bluzë	*blouse*	blouz
çorape	*socks*	soks
dalë nga moda	*out of fashion*	aut ov fesh'ën
dhomë prove	*fitting room*	fit'ing rum
doreza	*gloves*	gllavz
errët (i, e)	*dark*	dark
fund	*skirt*	skërt
fustan	*dress*	dres
gjatë (i, e)	*long*	long
hapët (i, e)	*light*	llajt
këmbej	*to exchange*	iks'çejnxh
këmishë grash	*chemise*	shëmiz'
këmishë nate	*night gown*	najt goun
këmishë	*shirt*	shërt
korse	*corset*	kor'set
kostum	*suit*	sut
kravatë	*tie*	taj
kthej	*to return*	ritërn'
lehtë (i, e)	*lightweight*	lajt'uejt
lirë (i, e)	*cheap*	çip
mantel	*cape*	kejp
më pak	*less*	les
më shumë	*more*	mor
modë	*fashion*	fesh'ën
modë (në)	*in fashion*	in fesh'ën
modës (i, e)	*fashionable*	fesh'ënejbëll
ndërroj	*to change*	tu çejnxh
ngushtë (i, e)	*tight*	tajt
nuancë	*shade*	shejd
numër	*size*	sajz
- më i madh	*larger size*	larxh'ër sajz
- më i vogël	*smaller size*	smoll'ër sajz
paguaj	*to pay*	tu pej
paketoj	*to pack*	tu pek
pallto	*coat*	kout
pantallona	*pants. trousers*	pents,trouz'ërs
peliçe	*fur-coat*	fër-kout
pëlqej	*to like*	tu llajk
pizhama	*pajamas*	pëzha'mas
pulovër	*pullover*	pull'ovër
reçipietë	*brassiere*	brë'zir
rrip mezi	*belt*	bellt
rroba	*clothes*	klothz

scarf	*scarf*	skarf
shami	*handkerchief*	heng'kërçif
shkon (më)	*to suit*	tu sut
shkurtër (i, e)	*short*	short
shtrenjtë (i, e)	*expensive*	ikspen'siv
taksë	*tax*	teks
tjetër	*different*	dif'ërënt
vesh	*to get dressed*	tu get dres'ëd
xhaketë	*jacket*	xhek'it
xhinse	*jeans*	xhins
zhvesh	*tu undress*	tu andres'

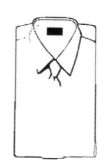

Në dyqanin e metrazheve
At the draper's

Desha të blija ca fanellatë	*I want to buy some flannel*	aj uant tu baj sam fllen'ël
Dua 8 metra tyl rozë për një fustan mbrëmësor	*I want eight yards of pink tulle for an evening-dress*	aj uant ejt jards ov pink tul for en iv'ning-dres
Ma tregoni ju lutem atë pëlhurë me viza	*Please, show me that striped material*	plli'iz, shou mi dhet straj'pëd mëtir'iël
A lahet mirë?	*Does it wash well?*	daz it uosh uell
A vjell kjo ngjyrë ?	*Does this color run?*	daz dhis kall'ër ran
Mos hyn pas larjes?	*Will it shrink after washing?*	uill it shrink after uosh'ing
Ky është lesh puro?	*Is this pure wool?*	iz dhis pjur ull

Masat e gjatësisë
Linear measures (linear mezh'ërs)

1 inch (inç) = 2.54 cm. (afërsisht)
12 inches (inçes) = 1 foot (fut) = 30.48 cm.(afërsisht)
3 feet (fit) = 1 yard (jard) = 91.44 cm. (afërsisht)
Për t'i kthyer inçët në centimetra, i shumëzoni ato me 2.54, ndërsa
për të kthyer centimetrat në inçë, i shumëzoni ato me 0.39,
p.sh.:

10 inçë X 2.54 cm = 25.4 cm
30 cm X 0.39 inçë = 11.7 inçë

101

Sa është çmimi?	*What is the price?*	huat iz dhë prajs
Sa kushton metri i	*How much does a*	hau maç daz e
këtij stofi?	*meter (yard) of this*	mit'ër (jard) ov dhis
	material cost?	mëtir'iëll kost

atllas	*satin*	set'n
dyqan metrazhesh	*drapery store*	drej'përi stor
fanellatë	*flannel*	fllen'ël
hyn (stofi)	*to shrink*	tu shrink
kabardinë	*gabardine*	geb'ërdin
kadife	*velvet*	vel'vit
lesh	*wool*	ull
lesh i përzier	*wool mixed*	ull miks'ëd
lesh puro	*pure wool*	pjur ull
lino	*linen*	lin'ën
pëlhurë	*tissue, fabric*	tish'u feb'rik
- e thjeshtë	*plain*	plein
- me kutija	*checked*	çek'ëd
- me lule	*flowered*	fllou'rd
- me qëndisma	*figured*	fig'jërd
- me viza	*striped*	straj'pid
mëndafsh	*silk*	sillk
- artificial	*artificial silk*	ar'tëfish'ëll sillk
- natyral	*natural silk*	neç'ërëll sillk
- puro	*pure silk*	pjur sillk
puplin	*poplin*	pop'lin
stof	*cloth, material*	klloth, mëtir'iël
- sintetik	*synthetic material*	sinthe'tik mëtir'iëll
tyl	*tulle*	tul
vjell (ngjyra)	*to run*	tu ran
leshi	*woolen*	ull'ën
mëndafsh	*silk*	silk

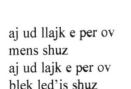

Në dyqanin e këpucëve
At the shoe store

Dua një palë këpucë.	*I would like a pair of*	aj ud llajk e per ov
për burra	*men's shoes.*	mens shuz
Dua një palë këpucë	*I would like a pair of*	aj ud lajk e per ov
të zeza, për gra	*black ladies shoes*	blek led'is shuz
Më duhen një palë	*I need a pair of*	aj nid e per ov

këpucë me qafa	*mountain boots*	moun'tën buts
Ç'numër, ju lutem?	*What size, please?*	huat sajz, plli'iz
Numri 40	*Eight*	Ejt
Këto këpucë janë	*These shoes are*	dhis shuz ar tu
tepër të ngushta	*too tight*	tu tajt
A mund t'i provoj?	*Can I try them on?*	ken aj traj dhem on
Këto më rrinë mirë	*This pair fits me well*	dhis per fits mi uell
Sa kushtojnë ?	*How much do they cost?*	hau maç du dhei kost

çizme	*boots*	buts
dyqan këpucësh	*shoe store*	shu stor
këpucë	*shoes, boots*	shuz, buts
- dimri	*winter shoes*	uinter shuz
- me qafa	*mountain boots*	moun'tën buts
- patinazhi	*skating boots*	skej'ting buts
- për burra	*men's shoes*	mens shuz
- për gra	*ladies shoes*	led'is shuz
- tenisi	*tennis shoes*	tenis shuz
- kafe	*brown*	bro'un
- kamoshi	*suede leather*	sued ledh'ër
- lëkure	*all-leather*	oll ledhër
- lustrafini	*patent leather*	pet'ënt ledh'ër
- të bardha	*white*	huajt
- të zeza	*black*	blek
një palë	*a pair of*	e per ov
numër	*size*	sajz
rrinë mirë	*fits well*	fits uell
sandalle	*sandals*	sen'dëls
shapka	*slippers*	sli'pers
taka të larta (me)	*high-heeled*	haj-hill'ëd

Numërat krahasues të këpucëve për burra dhe gra

Këpucët për gra		Këpucët për burra	
Nr. evropian	Nr. amerikan	Nr evropian	Nr. amerikan
35	5	39	6 1/2
36	5 1/2	40	7 1/2
37	6	41	8 1/2
38	7	42	9
39	7 1/2 - 8	43	10
40	8 1/2	44	10 1/2
41	9	45	11

Në dyqanin e pajisjeve elektrike
At the electric supply store

Dyqan pajisjesh elektrike	*Electric supply store*	ilek'trik sëpllaj' stor
Dua një bateri	*I want a battery*	aj uant e bet'ëri
Më jepni ju lutem një makinë mishi	*Give me please an electric meat grinder*	giv mi plli'iz en ilek'trik mit grajndër
Sa kushton ky frigorifer?	*How much is this refrigerator?*	hau maç iz dhis rifrixhërejt'ër
Ky punon me 110 apo 220 volt?	*Is it made for one hundred ten or two hundred twenty volts?*	iz it mejd for uan han'drid ten or tu han'drid tuen'ti volts

abazhur tavoline	*desk lamp*	desk llemp
bateri	*battery*	bet'ëri
frigorifer	*refrigerator*	rifrixhërejt'ër
furmelë	*oven*	ov'ën
llampë elektrike	*bulb*	bëllb
lustër	*chandelier*	shendëllir'
makinë larëse	*washing machine*	uosh'ing mësh'in
makinë mishi	*electric meat grinder*	ilek'trik mit grajndër
pajisje elektrike	*electric supply*	ilek'trik sëpllaj'
pastrues me vakuum	*vacuum cleaner*	vek'jum klin'ër rej'diejtër
radiator	*radiator*	
sobë	*stove*	stouv
sobë me mikrovalë	*microwave oven*	maj'krouejv, ov'ën
ventilator	*fan, ventilator*	fen, vent'lejtër
pjatalarëse	*dishwasher*	dishuosh'ër
tharëse flokësh	*electric hair drier*	ilek'trik her draj'ër
zile elektrike	*electric bell*	ilek'trik bell

Në dyqanin e mobiljeve
At the furniture shop

Dyqan mobiljesh	*Furniture shop*	fër'niçër shop
Sa kushton ky divan?	*How much is this couch?*	hau maç iz dhis ka'uç

Dua të blejë një kolltuk të rehatshëm	*I want to buy a comfortable armchair*	aj uant tu baj e këm'fërtëbëll arm'çer
Më pëlqen kjo dhomë gjumi	*I like this bedroom*	aj llajk dhis bed'rum
Duhet të paguaj për transportin?	*Do you charge for the delivery?*	du ju çarxh for dhë dëlliv'ëri
Jo, transporti përfshihet në çmim	*No, the delivery is included*	nou, dhë dëlliv'ëri iz inkllud'ëd

dhomë buke	*dining room*	dajn'ing rum
dhomë gjumi	*bedroom*	bed'rum
dhomë ndejtjeje	*living room*	liv'ing rum
dhomë pritjeje	*drawing room*	dro'ing rum
divan	*couch*	ka'uç
dyshek	*mattress*	met'ris
jastëk	*pillow*	pill'ou
karrike	*chair*	çer
kolltuk	*armchair*	arm'çer
komodinë	*bedside table*	bed'sajd tej'bëll
krevat	*bed*	bed
- çift	*twin bed*	tuin bed
- tek	*single bed*	sing'gëll bed
mobilje	*furniture*	fër'niçër
mobilje të përdorura	*used furniture*	juz'ëd fër'niçër
mobiluar (i, e)	*furnished*	fërnish'ëd
pasqyrë	*mirror*	mirr'ër
raft rrobesh	*wardrobe*	uord'rob
rehatshëm (i, e)	*comfortable*	këm'fërtëbëll
sirtar	*drawer*	dro'ër
tavolinë shkrimi	*desk*	desk
tavolinë	*table*	tej'bëll

Në galanteri
At the haberdasher shop

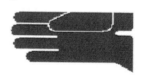

Ma tregoni ju lutem atë çantë dore	*Please, can you show me that handbag?*	plli'iz ken ju shou mi dhet hend'beg
Keni ju lutem shami duarësh?	*Do you have handkerchiefs?*	du ju hev heng'kërçifs
Dua një pako me brisqe rroje	*I want a packet of razor blades*	aj uant e pek'it ov rej'zër blejdz

Sa kushton një furçë dhëmbësh?	*How much does a toothbrush cost?*	hau maç daz e tuth'brash kost

aski	*tights*	tajts
bluzë me mëngë	*T shirt*	ti shërt
brisqe rroje	*razor blades*	rej'zër blejdz
çadër	*umbrella*	ëm'brella
çantë dore	*handbag*	hend'beg
çantë pazari	*shopping bag*	shop'ing beg
çarçaf-ë	*sheet-*	shit-s
çorape grash	*stockings*	stok'ings
çorape	*socks*	soks
doreza	*gloves*	glo'vëz
furçë dhëmbësh	*toothbrush*	tuth'brash
galanteri	*haberdasher shop-*	he'bërdesh'ër shop
gërshërë	*scissors*	siz'ërs
gjilpërë me kokë	*safety pin*	sej'fëti pin
gjilpërë	*needle*	ni'dëll
kanatjere	*athletic shirt*	ethlet'ik shërt
këmishë	*shirt*	shërt
komplet manikyri	*manicure set*	men'ikjur set
komplet për qepje	*sewing case*	sju'ing kejs
kopsë	*button*	bat'ën
korse	*corset*	kor'sit
krëhër	*comb*	kom
kuletë	*wallet*	uoll'it
kuti tualeti	*make-up bag*	mejk'ap beg
lidhëse k¨pucësh	*tie*	taj
makinë rroje elek.	*electric razor*	ilek'trik rej'zër
mbathje	*underwear*	andër'uer
pako	*packet*	pek'it
rrip	*belt*	belt
rrip lëkure	*leather belt*	ledh'ër belt
shall	*scarf*	skarf
shami duarësh	*handkerchief*	heng'kërçif

Në kapeleri
At the hat shop

Kjo është kapeleri	*This is a hat shop*	this iz e het shop
Mund ta shikoj atë beretë?	*Please, show me that beret*	plli'iz, shou mi dhet bër'et

Mund tra provoj këtë kapele?	*Please, can I try this hat on?*	plli'iz ken aj traj dhis het on
Keni ndonjë numër më tëmadh ?	*Do you have a bigger size?*	du ju hev ë biger sajz?
Kjo është e madhe	*This hat is too large*	this het iz tu larxh

beretë	*beret*	bë'rej
kapele	*hat*	het
- feltri	*felt hat*	felt het
- gëzofi	*fur cap*	fër kep
- kashte	*straw hat*	stro het
kapeleri	*hat shop*	het shop
kapë	*cap*	kep

Në argjentari
At the jewelers

Ky është argjentar	*This is a jeweler*	dhis iz e xhu'ëllër
Ju lutem mund të ma tregoni atë gjerdan	*Please, can you show me that necklace*	plli'iz, ken ju shou mi dhet nek'lis
Këta vathë janë prej ari?	*These earrings are made of gold?*	dhiz ir'ings ar mejd ov gold
Sa karatë?	*How many carats?*	hau meni ker'ëts
Sa kushton ky zbukurim prej ari?	*How much is this gold ornament?*	hau maç is dhis gold or'nëment

argjentar	*jeweler*	xhu'ellër
argjentari	*jewelry*	xhu'ëllri
ari	*gold*	gold
byzylyk	*bracelet*	brejs'let
gjerdan	*necklace*	nek'lis
karat	*carat*	ker'ët
karficë	*brooch*	bruç
unazë martese	*wedding ring*	ued'ing ring
varëse	*pendant*	pen'dënt
vathë	*earrings*	ir'ings
zbukurim	*ornament*	or'nëment
- ari	*gold ornament*	gold or'nëment
- ergjend	*silver ornament*	sill'vër or'nëment
- platini	*platinum ornament*	plet'inëm or'nëment

Në parfumeri
At the perfumery

Parfumeri	*Perfumery shop*	përfju'mëri shop
Dua një kolonjë	*I want some good*	aj uant sam gud
të mirë	*eau de Cologne*	ë de kolonj'
Më duhet një	*I need a dye*	I need e daj
bojë për flokët	*for hair*	for her
Keni ndonjë tretës	*Do you have any*	du ju hev eni
manikyri?	*varnish remover?*	var'nish rimuver
Dua të blej një	*I want to buy*	aj uant tu baj
tush për qerpikët	*some mascara*	sam mesker'a

parfumeri	*perfumery*	përfju'mëri
kolonjë	*eau de Cologne*	ë de kolonj'
krem	*cream*	krim
- për duart	*hand cream*	hend krim
- për fytyrën	*face cream*	fejs krim
locion	*lotion*	losh'ën
parfum	*scent*	sent
pudër	*powder*	poud'ër
sapun	*soap*	sop
shampo	*shampoo*	shempu'
të kuq buzësh	*lipstick*	lip'stik
të kuq për faqet	*rouge*	ruzh
bojë për flokët	*dye for hair*	daj for her
tretës manikyri	*varnish remover*	var'nish rimuver
locion për pas rrojes	*after-shave lotion*	aft'er shejv loshën
laps për vetullat	*eyebrow pencil*	aj'brou pensill
pastë rroje	*shaving cream*	shej'ving krim
tush për qerpikët	*mascara*	mesker'a

Në dyqanin optik
At the optician's

Mund të bëni syze	*Please, can you make*	plli'iz, ken ju mejk ap
sipas kësaj recete?	*up this prescription?*	dhis preskrip'shën
Mund t'i ndreqni	*Can you repair these*	ken ju riper' this

këto syze?	glasses?	gles'is
Më është thyer xhami	My lens is broken	maj lenz iz bro'kën
Mund ta zëvendësoni?	Can you replace it?	ken ju riplejs' it
Më është thyer bishti	The arm is broken	dhi arm iz bro'kën
Më duhen një palë	I want a pair of	aj uant ë per ov
syze dielli	sunglasses	san'glesis
Ç'lloje skeletesh	What kind of frames	huat kajnd ov frejms
keni?	do you have?	du ju hev
Më tregoni ju lutem	Please show me these	plli'iz, shou mi dhis
ato syzet pa skelet	rimless spectacles	rim'les spek'tëkëlz

bisht	arm	arm
ndreq	repair	riper'
syze	glasses	gles'is
syze	spectacles	spek'tëkëlz
syze dielli	sunglasses	san'glesis
skelet	frame	frejm
- ari	goldrimmed f.	gould'rimëd frejm
- briri	hornrimmed f.	horn'rimëd frejm
- metalik	metal	met'ëll frejm
- pa skelet	rimless	rim'les
thyej	to break	tu brejk
thyer (i, e)	broken	bro'kën
xham syzesh	lens	lenz
zëvendësoj	replace	riplejs'

Në dyqanin e enëve shtëpijake
At the houseware store

Nuk po e shoh	I don't see the	aj dont si dhë sejls-
shitësin	salesperson	per'sën
Më falni, keni gota	Excuse me, do you	ek'skjuz mi, du ju hev
kristali?	have crystal glasses?	kris'tëll glles'is
Më pëlqen ky komp-	I like this china	aj uant e çaj'na
let porcelani për çaj	tea set	ti set
Sa kushton ky	How much does this	hau maç daz dhiz
komplet pjatash?	set of plates cost?	set ov plejtës kost
Dua një vazo kristali	I want a crystal vase	aj uant e kris'tëll vejz
Sa është taksa?	How much is the tax?	hau maç iz dhë teks

filxhan	cup	kap
- kafeje	*coffee cup*	ko'fi kap
frutierë	*fruitdish*	frut'dish
gotë	*glasse*	glles
- birre	*beer glass*	bir gles
- çaji	*tea cup*	ti kap
- likeri	*liquor glass*	lik'ër gles
- vere	*wine glass*	uajn gles
hapës kutijash	*can opener*	ken ou'pëner
komplet	*set*	set
kristal	*crystal*	kristëll
kupë karamelesh	*sweet box*	suit boks
kusi	*pot*	pot
lugë	*spoon*	spun
pirun	*fork*	fork
pjatë	*plate*	plejt
pjatë sallate	*salad dish*	sell'ëd dish
porcelan	*china*	çaj'na
sheqermbajtëse	*sugar basin*	shug'ër bej'sin
tavëll duhani	*ash-tray*	esh'trej
tigan	*skillet*	skill'et
	frying pan	fraj'ing pen
thikë	*knife*	najf
vazo	*vase*	vejz
- balte	*earthenware*	ër'thënuar
- kristali	*crystal*	kris'tëll
- porcelani	*china*	çaj'na
- qelqi	*glass*	gles
- terrakote	*pottery*	pot'ëri

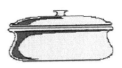

Sporting Goods

Në dyqanin e artikujve sportivë
At the sporting goods store

Ku është dyqani i artikujve sportivë?	*Where is the sporting goods store?*	huer iz dhë sport'ing guds stor
A keni kostum banjoje?	*Do you have a swimming suit?*	du ju hev e suim'ing sut
Dua një biçikletë	*I want a bicycle*	aj uant e baj'sikëll
Më duhet një kallam peshkimi	*I need a fishing rod*	aj nid e fish'ing rod

110

artikuj sportivë	*sporting goods*	sport'ing guds stor
biçikletë	*bicycle*	baj'sikëll
biçikletë kursi	*racing bicycle*	rej'sing baj'sikëll
çadër portative	*pack tent*	pek tent
dyshek alpin	*sleeping bag*	slip'ing beg
dyshek me ajër	*air mattress*	er met'ris
filispanjë	*lines*	llajns
grep	*hook*	huk
kallam peshkimi	*fishing rod*	fish'ing rod
kapele noti	*bathing cap*	beth'ing kep
këpucë futbolli	*football shoes*	fut'boll shuz
kostum banjoje	*swimming suit*	suim'ing sut
pallaska notimi	*flippers*	flip'ërs
pantallo të shkurtëra	*shorts*	shorts
patina	*skates*	skejt'ës
pluskues	*floats*	flots
raketa tenisi	*tennis rackets*	tenis rok'ets
rrotkë spiningu	*reel*	ril
ski	*skis*	skiz
spining	*spinning*	spin'ing
top futbolli	*football*	fut'boll
vegla peshkimi	*fishing tackle*	fish'ing tek'ël

Në dyqanin e radiove dhe kompjuterëve
At the radio and computers shop

Më tregoni ju lutem	*Please, show me*	plli'iz, shou mi
një magnetofon dore	*a walkman*	e uok'men
Unë dua një	*I am looking for*	aj em lluking for
kompjuter personal	*a personal computer*	e për'sonëll këmpju'tër
Ku është prodhuar	*Where is the com-*	huer iz dhë këmpju'tër
ky kompjuter?	*puter made?*	mejd
Çfarë shpejtësie ka	*What is this com-*	huat iz dhiz këmpju'
ky kompjuter?	*puter's speed?*	tërs spid
Ky është monitor	*Is this a color*	iz dhiz e kallër
me ngjyra?	*monitor?*	mon'itër
Me ç'printer punon	*What printer is this*	huat prin'ter iz dhiz
ky kompjuter?	*computer compatible*	këmpju'tër këmpe'-
	with?	tibëll uith?

111

| Sa kushton ky lazer printer? | *How much does this laser printer cost?* | hau maç daz dhiz lej'zër prin'ter kost |
| Ç'programe keni për këtë kompjuter? | *What software do you have for this computer?* | huat soft'uar ken ju hev for dhis këmpju'tër |

amplifikator	*amplifier*	em'plëfajër
bateri	*battery*	bet'ëri
gjilpërë gramafoni	*stylus*	staj'lus
gramafon	*phonograph*	fon'ëgref
kalkulator	*calculator*	kel'kjëlej'tër
kasetë	*cassette*	kes'it
kompatibël	*compatible*	këmpe'tibëll
këmpju'tër	*computer*	këmpju'tër
- portativ	*a laptop computer*	e lep'top këmpju'tër
- profesional	*professional computer*	pro'feshionëll k.
- personal	*personal computer*	për'sonëll këmpju'tër
- i fuqishëm	*power computer*	pou'ër këmpju'tër
kufje	*headphone*	hed'fon
magnetofon dore	*walkman*	uok'men
monitor me ngjyra	*color monitor*	kall'ër mon'itër
- bardhezi	*black-and-white m.*	bllek end huajt mon'itër
pllakë stereo	*stereo record*	ste'rio rikord
printer	*printer*	prin'ter
- lazer	*laser*	lej'zër
- me ngyra	*color*	kall'ër
- me një kopje	*single-copy*	sin'gëll ko'pi
program	*software*	soft'uar
radiomagnetofon	*radio recorder*	rej'diorikord'ër
televizor	*TV-set*	ti vi set
- portativ	*portable TV-set*	portej'bëll ti vi set
videomagnetofon	*video/VCR*	vi'dio/vi si ar

Në dyqanin e fotoaparateve
At the camera's shop

Më duhet një aparat fotografik	*I need a camera*	aj nid e kem'ëra
Keni, ju lutem zhvillues?	*Please, do you have a developer?*	plli'iz, du ju hev e divëllëp'ër
Sa kushton ky aparat?	*How much does the camera cost?*	hau maç daz dhë kem'ëra kost?

aparat fotografik	*camera*	kamera
eksponometër	*exposure meter*	ekspozh'ër met'ër
fiksues	*fixer*	fik'ser
film bardh e zi	*black-and-white roll*	bllek-end-huajt-roll
film me ngjyra	*color roll*	koll'ër roll
fllesh	*flashbulb*	fllesh'bëllb
fotoaparat automatik	*automatic camera*	o'tëmet'ik kem'ëra
kinokamerë	*movie-camera*	mu'vi kem'ëra
letër fotografike	*printing paper*	print'ing pej'për
trekëmbësh	*tripod*	traj'pëd
zhvillues	*developer*	divëll'opër

Në dyqanin e luleve
At the flower store

Dyqan lulesh	*Flower store*	flou'ër stor
Keni, ju lutem	*Please, do you have*	plli'iz, du ju hev
trëndafila të kuq?	*red roses*	red roz'is
Mua më pëlqejnë	*I like the white*	aj llajk dhë huajt
zambakët e bardhë	*lilies*	li'lis
Më jepni, ju lutem,	*Give me, please, a do-*	giv mi plli'iz e dëz'en
ca karafila të kuq	*zen of red carnations*	ov red karnej'shëns

geranium	*geraniums*	xhërej'niëms
gladiola	*gladiolus*	gled'iolës
kaktuse	*cactus*	kek'tës
kamelie	*camellia*	këmil'jë
karafil	*carnation*	karnej'shën
krizantemë	*chrysanthemum*	krizen'themëm
lule	*flower*	flou'ër
margaritë	*daisy*	dej'zi
mimozë	*mimosa*	mimo'za
orkide	*orchid*	or'kid
trëndafilë	*rose*	rozë
tulipan	*tulip*	tju'lip
vjollcëq	*violet*	vaj'ëllit
zambak-ë	*lily, lilies*	li'lli, li'lis
—— të bardhë	*white*	huajt
—— të kuq	*red*	red
—— të verdhë	*yellow*	jell'ou

Kohë e lirë
Free time

Çfarë do të bëjmë sonte?	*What are we doing this evening?*	huat ar ui do'ing dhis iv'ning
Ku do të shkojmë të dielën?	*Where shall we go on Sunday?*	huer sholl ui gou on san'dej
Le të shohim gazetën në se ka gjë intere-huat sante	*Let's look in the news-paper to find out what is interesting*	let's lluk in dhë njus-pej'për tu fajnd aut iz in'trest'ing
Sikur të shkojmë në kinema?	*What about going to a movie?*	huat eba'ut go'ing tu e mu'vi
Shkojmë në ndonjë muze	*Let's go to a museum*	let's gou tu e mju'ziëm
Le të rrimë në shtëpi sonte	*Let's stay in for the evening*	let's stej in for dhi ivning
Mendim i mirë	*This is a good idea*	dhis is e gud ajdia
Jam dakord	*That is fine with me*	dhet iz fajn uith mi

Tabela
Signs

ADMISSION FREE	edmish'ën fri	Hyrja e lirë
" BY TICKET	edmish'ën baj tik'it	Hyrja me biletë
" FOR ADULTS	edmishën for e'dëlts	Vetëm për të rriturit
ATTENTION	eten'shën	Vini re
BOX OFFICE	boks o'fis	Arka (e teatrit)
BUSY, OCCUPIED	biz'i, ok'jëpajëd	Zënë
CASHIER	ke'shir	Arka
CAUTION	ko'shën	Kujdes
CHANGE	çejnxh	Këmbim monedhash
CHILDREN FREE	çildr'ën fri	H. për fëmijët falas
CLOSED	kllozëd	Mbyllur
DANGER	dejn'xhër	Rrezik
DON'T TOUCH	dont taç	Mos prekni
DOWN	daun	Poshtë
ELEVATOR	ill'ëvej'tër	Ashensor
EMERGENCY EXIT	imër'xhensi eg'zit	Dalje në rast rreziku

ENTRANCE	en'trëns	Hyrje
EXIT	eg'zit	Dalje
INFORMATION	informejsh'ën	Informacioni
KEEP OF THE GRASS	kip of dhë gres	Mos shkelni mbi bar
NO ADMISSION	no edmish'ën	Ndalohet hyrja
NO ENTRANCE	no en'trëns	Ndalohet hyrja
NO ENTRY	no en'tri	Ndalohet hyrja
NO LITTERING	no lit'ëring	Mos ndotni përtokë
OUT OF ORDER	aut of ord'ër	Jashtë përdorimit
RESERVED	rizërvd'	Rezervuar
SERVICE ENTRANCE	ser'vis en'trëns	Hyrje për personelin
SMOKING AREA	smouk'ing ej'ria	Vend për të pirë duhan
STAIRS	sters	Shkallë
UP	ap	Lart
WAITING ROOM	uejt'ing rum	Dhomë e pritjes
WET PAINT	uet peint	Ruhuni nga boja

Në kinema
In the movie theater

Dua të shoh një film	*I want to see a movie*	aj uant tu si e mu'vi
Ku është kinemaja?	*Where is the movie theater here?*	huer iz dhë mu'vi thi'atër hir
Kur fillon shfaqja e filmit?	*At what time does the show begins?*	et huat tajm daz dhë shou bigins'
Shfaqja e fundit fillon në orën 10	*The last show starts at 10 o'clock*	dhë lest shou starts et ten ë'klok
Keni vende të lira?	*Is there any seat free?*	iz dher eni sit fri
A lejohet duhani?	*Is smoking allowed?*	iz smok'ing e'lloud
Ju lutem, dy bileta në rreshtat e parë	*May I have two tickets in the front row*	mej aj hev tu tik'its in dhë front rou
Sa kushton një biletë në rreshtat e fundit?	*How much is the seat in the back row?*	hau maç iz dhë sit in dhë bek rou
Ky është film me dedektiv?	*Is this a detective movie?*	iz dhiz ë ditek'tiv muvi
Cili artist luan?	*Who is the star?*	hu iz dhë star
E njihni këtë aktor?	*Do you know this actor?*	du ju nou dhis ek'tër

Cilin nga filmat e tij keni parë?	*Which of his movies have you seen?*	huiç of hiz mu'viz hev ju sin
Artisti im i prefer-uar është ...	*My favorite actor is...*	maj fej'vërit ek'tër iz
Ky është film i bukur	*This is a great movie*	dhis iz e grejt mu'vi

aktor	actor	ek'tër
aktore	*actress*	ek'tris
fillon	*to begin, to start*	tu bigin', tu start
film	*movie*	mu'vi
- bardh e zi	*black-and-white*	blek-end-huajt
- historik	*historical*	histor'ikëll
- kinokomedi	*comedy*	kom'idi
- me aventura	*adventure movie*	edven'çër mu'vi
- me dashuri	*love story*	lav stori
- me dedektiv	*detective*	ditek'tiv
- me dy seri	*movie in two parts*	mu'vi in tu parts
- me ekran të gjerë	*wide-screen*	uajd-skrin
- me ngjyra	*color movie*	kallër mu'vi
- muzikor	*musical*	mju'zikëll
- uestern	*western*	uest'ërn
- vizatimor	*cartoon*	kartun'
filmi është	*the movie is*	dhë mu'vi is
- i dobët	*poor*	pur
- i frikshëm	*terrifying*	terri'faing
- i mërzitshëm	*boring*	bor'ing
- i mrekullueshëm	*great*	grejt
- mesatar	*average*	ev'ërixh
- prekës	*touching*	taç'ing
- zbavitës	*amusing*	emjuz'ing
fundit (i, e)	*last*	lest
interpretues	*interpreter*	intër'pritër
kinema	*movie theater*	mu'vi thi'atër
luaj	*to play*	tu plej
operator	*camera man*	kem'ra men
preferuar (i. e)	*favorite*	fej'vërit
producent	*producer*	produ'ser
regjizor	*director*	direk'tër
rol kryesor	*star*	star
rreshtat e fundit	*back row*	bek rou
rreshtat e parë	*front row*	front rou
shfaqje	*show*	shou
skenarist	*screenwriter*	skrinraj'ter
vend	*seat*	sit

Në teatër
In the theater

Shkojmë sonte në teatër?	*Shall we go to the theater tonight?*	shell ui gou tu dhë thi'ëtër tënajt'
Desha të shkoj në një shfaqje Broduei	*I would like to go to a Broadway show*	aj ud llajk tu gou tu e brod'uej shou
Çfarë luhet sot në këtë teatër?	*What is playing at this theater tonight?*	huat is plei'ng et dhis thi'ëtër tënajt'
Në cilën gazetë mund të lexoj për repertuarin e teatrove?	*In what newspaper can I read about the repertoire?*	in huat njus'pej'për ken aj rid eba'ut dhë rep'ërtuar
Kush e ka shkruar këtë dramë?	*Who wrote this play?*	hu rut dhis plej
Vallë kemi shans të gjejmë bileta?	*Is there any chance of getting tickets?*	iz ther eni çens ov get'ing tik'its
Kur hapet arka?	*When is the box office open?*	huen iz dhë boks o'fis oup'ën
Keni ndonjë vend për të dielën?	*Do you have any seats for Sunday?*	du ju hev eni sits for san'di
Duhet të rrimë në rradhë për bileta	*We must stay in line to get tickets*	ui mast stej in llajn tu get tik'its
Dua të rezervoj 2 vende për të shtunën	*I would like to reserve 2 seats for Saturday*	aj ud lajk tu ri'zërv tu sits for sat'ërdi
Kur mund t'i marr biletat?	*When can I get the tickets?*	huen ken aj get dhë tik'its
Sa kushtojnë biletat?	*How much are the tickets?*	hau maç ar dhë tik'its
Mund të më jepni një program, ju lutem?	*Can you give me a program please?*	ken ju giv mi e pro'grem plli'iz
Kur fillon shfaqja?	*When does the performance begin?*	huen daz dhë perform'ens bigin'
autor	*author*	o'thër
dramë klasike	*classical drama*	klles'ikëll drama

koncert pianistik	*piano recital*	pian'o risajt'll
koncert simfonik	*symphony concert*	sim'fëni kon'sërt
muzikë popullore	*folk music*	folk mju'zik
premjerën	*premier*	pri'mir
program	*program*	pro'grem
repertuar	*repertoire*	rep'ërtuar
rezervoj	*to reserve*	tu ri'zërv
rok-opera	*rock-opera*	rok-op'ra
rradhë	*line*	llajn
shans	*chance*	çens
shfaqje	*show, performance*	shou, përfor'mens
teatër kukullash	*puppet theater*	pëp'it thia'tër
teatër	*theater*	thi'ëtër

Muze, Ekspozita
Museums, Exhibitions

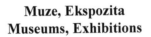

Çfarë muzesh ka në qytetin tuaj?	*What museums are there in your town?*	huat mjuzi'ëms ar dher in jur taun
Ku ndodhet ju lutem Muzeu i Historisë së Natyrës?	*Please, where is the Museum of Natural History?*	plli'iz, huer iz dhë mjuzi'ëm of neç'ëral his'tëri
Kur hapet ekspozita e Artit Bashkëkohor?	*At what time does the exhibition of Contemporary Art open?*	et huat tajm daz dhë egzib'ishën ov këntemp'ërëri art oup'ën
Deri kur vazhdon Ekspozita?	*Until when does the exhibition last?*	antill huen daz dhi egzib'ishën last
Hyrja është falas?	*Is admission free?*	iz edmish'ën fri
Sa kushton bileta e hyrjes?	*How much is the admission ticket?*	hau maç iz dhi edmish'ën tik'it
Keni ndonjë ciceron që flet shqip?	*Do you have a guide who speaks Albanian?*	du ju hev ë gajd hu spiks ellbej'nian?
Kush e ka pikturuar këtë portret?	*Who painted this portrait?*	hu peint'ëd dhis por'trit
Ky është origjinali apo kopja?	*Is this the original or a copy?*	iz dhis e ërixh'ënëll or e kop'i
Të pëlqen?	*Do you like it?*	du ju llajk it

afresk	*fresco*	fres'ko
art bashkëkohor	*contemporary art*	këntem'përëri art
art i aplikuar	*applied art*	epllajd art
biletë e hyrjes	*admission ticket*	edmish'ën tik'it
ciceron	*guide*	gajd
demonstrim	*display*	displej
ekspozitë	*exhibition*	egzibish'ën
falas	*free*	fri
gdhendje në dru	*woodcut*	ud'kët
kopje	*copy*	kop'i
muze	*museum*	mjuzi'ëm
- M. i Artit Antik	*M. of Ancient Art*	mjuzi'ëm ov en'shent art
- M. i Artit Modern	*M. of Modern Art*	mjuzi'ëm ov mod'ërn art
- M. i Historisë së Natyrës	*M. of Natural History*	mjuzi'ëm of neç'ëral his'tëri
mozaikë	*mosaic*	mozej'ik
naturmort	*still life*	still lajf
origjinal	*original*	ërixh'ënëll
peisazh	*landscape*	lend'skejp
pejsazh deti	*seascape*	si'skejp
pikturuar (i, e)	*painted*	peint'ëd
portret	*portrait*	por'trit
qeramikë	*ceramics*	sërem'iks
qëndisje	*embroidery*	ëmbroi'dëri
shkollë	*school*	skull
skulpturë	*sculpture*	skëll'pçër
tabllo, pikturë	*picture*	pik'çër
tapet	*tapestry*	tep'itstri

Bar, Kafene, Birrari, Klub nate
Bar, Coffeehouse, Tavern, Nightclub

Ju lutem dy ekspreso	*Please, two espressos*	plli'iz, tu espres'os
Mund të më sillni ca sheqer?	*Can you bring some sugar?*	ken ju bring sam shug'ër
Doni t'i hidhni kafes pak krem?	*Would you like some whipped cream?*	ud ju lajk sam uip'ëd krim
Po, ju lutem	*Yes, please*	jes, plli'iz
Keni ndonjë senduiç	*Have you any sand-*	hev ju eni send'uiçës or

apo kek?	*wiches or cakes?*	kejks
Kamarier!	*Waiter!*	uejt'ër
Çfarë dëshironi?	*What do you wish?*	huat du ju uish?
Një akullore me limon	*One lemon icecream*	uan lejm'ën ajs'krim
E pini duhanin?	*Do you smoke?*	du ju smok
Doni ta ndizni?	*Can I offer you a cigarette?*	ken aj ofer' ju e sig'ëret
Ju falemnderit, unë nuk e pi duhanin	*Thank you, I do not smoke*	thenk ju, aj du not smouk
Sa kushton hyrja?	*How much is the entrance ticket?*	hau maç iz dhi en'trans tik'it
Dua të prenotoj një tavolinë për pesë vetë?	*I wish to book a table for five persons.*	aj uish tu buk e tejbëll for fajv persons
Ju pëlqen të kërceni?	*Do you like dancing?*	du ju lajk dens'ing
Mund të kërcejmë?	*Can I have this dance?*	ken aj hev dhis dens

akull	*ice*	ajs
aperitiv	*aperitif*	aper'itif
bakshish	*tip*	tip
bar	*bar*	bar
barmen	*barman*	bar'men
bateri	*percussion*	përkush'ën
birrë	*beer*	bir
çaj me limon	*tea with lemon*	ti uith lem'ën
çarleston	*charleston*	çarl'stën
çokollatë	*chocolate*	çok'ëlit
garderobë	*dressing room*	dres'ing rum
foks-trot	*fox-trot*	foks-trot
gotë e vogël	*small glass*	smoll glas
i bie instrumentit	*to play*	to play
instrument	*instrument*	in'strëment
instrumentist	*player*	plej'ër
kafe	*coffee*	ko'fi
kafe ekspres	*espresso*	espres'o
kafene	*cafè*	kafe'
kamarier	*waiter*	uejt'ër
kamariere	*waitress*	uej'tris
kamomil	*camomile*	kem'ëmail
kapuçino	*cappuccino*	kep'ëçino
kitarrë	*guitar*	gi'tarr
kontrabas	*double bass*	da'bëll bes

120

krem	cream	krim
kripore	salt-cellar	sollt se'llër
liker	liqueur	likër'
lokal nate	night club	najt klab
markë	brand	brend
me sodë	with soda	uith soda
mentë	mint	mint
muzikë	music	mju'zik
muzikë vallëzimi	dance music	dens mju'zik
muzikë xhazi	jazz music	xhez mju'zik
orkestër	orchestra	or'kestra
panine	roll	roll
pije	beverage, drink	bevët'ixh, drink
pjano	piano	piano
porosis	to order	tu ordër
prenotoj një vend	to book a seat	tu buk e sit
raki	brandy	bren'di
rum	rum	rum
rumba	rumba	rum'ba
saksofon	saxophone	sek'sëfon
sallë vallëzimi	ball room	boll' rum
samba	samba	sem'bë
senduiç	sandwich	send'uiç
shef	chef	shef
tambur	drum	dram
tango	tango	teng'go
tavernë	tavern	tev'ërn
tavëll duhani	ashtray	esh'trej
uiski	whisky	uis'ki
valcer	waltz	uolc
vallëzim	dance	dens
vallëzoj	to dance	tu dens
verë	wine	uajn
- e bardhë	white wine	huajt uajn
- e kuqe	red wine	red uajn
violinë	violin	vaj'ëllin
vodkë	vodka	vodka

Vizita
Calls

Do të vini në shtëpinë time për një çaj?	*Will you come to my house for a cup of tea?*	uill ju kam tu maj hauz for e kap of ti
Falemnderit, me gjithë qejf	*Thank you, I would like that very much.*	thenk ju, aj ud lajk dhet ve'ri maç
Më vjen keq, por sot nuk mund të vij dot	*I am sorry, but I can not come today*	aj em so'rri, bat aj ken not kam tudej
I kam dhënë fjalën dikujt tjetër	*I already have another engagement*	aj ollre'di hev inadh'ër engejzh'ment
Po nesër?	*How about tomorrow?*	hau eba'ut tëmorr'ou
Z. Smith më ka ftuar sot në shtëpinë e tij	*Mr. Smith has invited me today at his home*	m. smith hez invajt'ëd mi tudej et hiz houm
Z. Smith është duke më pritur	*Mr. Smith is waiting for me*	mis en is uejt'ing for mi
Ç'emër të lajmëroj?	*What name shall I say?*	huat nejm sholl aj sej
Ja kartë-vizita ime	*Here is my card*	hir iz maj kard
Mund të prisni pak?	*Will you wait a moment?*	uill ju uejt e mo'ment?
Mirëmbrëma, zotëri	*Good evening, Sir*	gud iv'ning, sër
Si jeni?	*How are you?*	hau ar ju
Hyni, ju lutem, në dhomën e pritjes	*Will you walk into the sitting room?*	uill ju uok intu' dhë siting rum
Gëzohem që ju shoh	*I am glad to see you!*	aj em gled tu sii ju
Si është nëna juaj?	*How is your mother?*	hau iz jur madhër
Dua t'ju prezantoj vëllain tim	*I want to introduce to you my brother*	aj uant tu intrëdjus' tu ju maj bradh'ër
Tungjatjeta, më vjen mirë të njihem me ju	*How do you do?* *Nice to meet you*	hau du ju du najs tu mit ju
Uluni, ju lutem	*Please will you take a seat?*	plli'iz, uill ju tejk e sit
Sa kohë keni në qytetin tonë?	*How long have you been in our city?*	hau long hev ju bin in aur si'ti
Ju pëlqen qyteti ynë?	*Do you like our city?*	du ju llajk aur si'ti
Ç'keni parë deri tani?	*What have you already seen?*	huat hev ju ollre'di siin

Doni një filxhan çaj?	Would you like a cup of tea?	ud ju llajk e kap of ti
Mos doni pak limon?	Would you like some lemon?	ud ju llajk sam le'mën
Ju lutem, merrni vetë	Please, help yourself	plli'iz, help jurself
Rrini si në shtëpinë tuaj	Make yourself at home	mejk jurself et houm
Qe një mbrëmje shumë e këndshme	It has been a very pleasant evening	it hez bin e veri plez'ënt iv'ning
Ju falenderoj për bujarinë tuaj	Thank you very much for all your kindness	thenk ju veri maç for oll jur kajndnes
Shpresoj të shihemi përsëri	I hope we shall see you again	aj hop ui sholl si ju egen'
I bëni të fala shokut tuaj	Kind regards to your friend	kajnd ri'gards tu jur frend

bëj vizitë	to pay a visit	tu pej e viz'it
bisedë	conversation	konversej'shën
bisedoj	to talk	tu tok
ftesë	invitation	invitej'shën
ftoj	to invite	tu invajt
përzëmërt (i,e)	kind	kajnd
sjellshëm (i, e)	polite	pëllajt
lidh miqësi	to make friendship	tu mejk frend'ship
kartëvizitë	visiting card	viz'iting kard
kënaqësi	pleasure	plezh'ër
mik, mysafir	guest	gest
mikpritje	hospitality	hospitel'iti
miqësi	friendship	frend'ship
mirëpres	to give hospitality to	tu giv hospitel'iti tu
mirësjellje	politeness	pëllajt'nes
përshëndes	to greet	tu grit
përshëndetje	salute, greeting	së'lut, griting
pranoj	to accept	tu eksept'
pres	to receive	tu risiv'
pritje	reception	risepsh'ën
refuzoj ftesën	decline an invitation	diklajn' en invitejsh'ën
shoqëri	society	sosaj'ëti
temë (bisede)	subject	sabxhekt
vizitë	visit, call	vizit, koll
vlerësim, falenderim	appreciation	ëpri'shiejshën
vlerësoj, falenderoj	to appreciate	tu ëpri'shiejt

Sport
Sport

Merreni me sport?	*Do you go in for sports?*	du ju gou in for sports
Cili është sporti juaj i preferuar?	*What is your favorite sport*	huat iz jur fej'vërit sport
Unë shkoj në pishinë dhe notoj	*I go to the pool and swim*	aj gou tu dhë pull end suim
Luani tennis?	*Do you play tennis?*	du ju plej ten'is
Jo, unë luaj futboll	*No, I play soccer*	nou, aj plej sok'ër
Unë jam tifoz sporti	*I am a sports fan*	aj em e sports fen
Dua të shoh një lojë futbolli	*I would like to see a soccer game*	aj ud llajk tu si ë sok'ër gejm
Si shkohet në stadium?	*How to get to the stadium?*	hau tu get tu dhë stej'diëm
Keni bileta për ndeshjen e sotme?	*Do you have tickets for today's game?*	du ju hev tik'its for tudejs' gejm
Kush e shënoi golin?	*Who scored the goal?*	hu skor'ëd dhë goll
Cili është rezultati?	*What is the score?*	huat iz dhë skor
Kush doli i pari?	*Who is in first place?*	hu iz in fërst plejs
Kush është kampion botëror në futboll?	*Who is the world champion in soccer?*	hu iz uërld çem'piën in sok'ër

Alpinizëm - Alpinism

akullnajë	*glacier*	glej'shër
alpinist	*mountaineer*	moun'tënir'
çadër	*tent*	tent
çantë alpine	*rucksack*	ruk'sek
dyshek alpin	*sleeping-bag*	slip'ing beg
gozhdë alpine	*wall-hooks*	uoll huks
guidë alpinistike	*alpine guide*	el'pajn gajd
humnerë	*chasm*	kez'ëm
këpucë alpine	*climbing-boots*	klajm'ing buts
këpucë për dëborë	*snow shoes*	snou shuz
litar	*rope*	roup
majë	*peak, summit*	pik, sam'mit

ngjitem	*to climb*	tu klajm
ngjitje	*climbing*	klajm'ing
oxhak	*chimney*	çim'ni
shkëmb	*rock*	rok
strehim	*hut*	hat
syze dielli	*snow-goggles*	snou gog'ëls

Atletikë - Athletic

atlet	*athlete*	eth'lit
atletikë	*athletic*	ethlet'ik
atletikë e lehtë	*track and field events*	trek end fild i'vents
shirit	*tape*	tejp
gjimnastikë	*gymnastics, gym*	xhimnas'tiks, xhim
hedhje çekiçi	*throwing the hammer*	throu;ing dhë hem'ër
hedhje disku	*throwing the discus*	throu'ing dhë dis'kus
hedhje shtize	*throwing the javelin*	throing dhë xhe'vëlin
këpucë vrapimi	*running shoe*	ran'ning shu
kërcim	*jump*	xhamp
kërcim me shkop	*pole jump*	pol xhamp
kërcim së gjati	*long jump*	long xhamp
kërcim së larti	*high jump*	haj xhamp
kronometrist	*timekeeper*	tajmkip'er
maratonë	*marathon*	mer'ëthon
mundje japoneze	*ju-jitsu*	xhu'-xhicu
mundje	*wrestling*	res'ling
ndeshje mundjeje	*wrestling match*	res'ling meç
ngritje peshash	*weightlifting*	uejt'lift'ing
palestër	*gymnasium*	xhimnej'ziëm
tapet	*mat*	met
sprint	*sprint*	sprint
vrapim	*running*	ran'ning
vrapues	*runner*	ran'ner

Futboll - Soccer

bluzë leshi	*jersey*	xhër'si
bluzë pambuku	*shirt*	shërt
fushë	*field*	fild
futboll	*soccer*	sokër
gjyqtar (arbitër)	*referee*	ref'eri'
gjysmë mbrojtës	*half-back*	hef bek
gjysmë sulmues	*wing-half*	uing hef
gol	*goal*	goll
kapiten	*captain*	kep'ten
kënd (korne)	*corner*	korn'ër
lojtar	*player*	plej'ër

mbrojtës	*full-back*	full bek
ndeshje	*game*	gejm
portë	*goal*	goll
portier	*goalkeeper*	gollkip'er
qëndërsulmues	*center-forward*	sent'ër for'uërd
rrjetë	*net*	net
sulmues i djathtë	*right wing*	rajt uing
sulmues i majtë	*left wing*	left uing
shënoj (gol)	*to score*	tu skor
top	*ball*	boll
trainer	*trainer*	trejn'ër
zonë e rreptësisë	*penalty area*	pen'ëlti ej'ria

Gjueti - Hunting

barot	*gun powder*	gan pou'dër
çifte	*double barrelled gun*	dab'ëll bar'elëd gan
gëzhojë	*cartridge*	kar'trixh
gjah i egër	*game*	gejm
gjuaj	*to hunt*	tu hant
gjueti	*hunting*	hant'ing
leje gjuetie	*hunting permit*	hant'ing për'mit
marr shenjë	*to take aim*	tu tejk ejm
mbush pushkën	*to load a gun*	tu lod e gan
pushkë	*gun*	gan
zagar	*hound*	hound
shkoj për gjueti	*to go hunting*	tu go hant'ing
shtije	*to shot*	tu shat
e shtënë	*shot*	shat

Çiklizëm - Cycling

biçikletë	*bicycle*	baj'sik'ëll
boshti i mesit	*crank*	krenk
bucelë	*hub*	hab
çelës	*spanner*	spen'ër
çiklist	*cyclist*	saj'klist
dado	*nut*	nat
dinamo	*dynamo*	daj'nëmo
dorezë	*handle*	hend'ëll
fener	*lamp*	lemp
fren	*brake*	brejk
gomë	*tire*	tajr
kaçavidë	*screwdriver*	skrju'drajv'ër
kamardare	*inner tube*	in'er tjub
kampanelë	*bell*	bell

kopërton	cover	kav'ër
kuzhinetë	ball bearing	boll biring
matës shpejtësie	speedometer	spidom'itër
ndërrues shpejtësie	variable gear	var'iejbëll gir
parafango	mudguard	mad'gard
pedale	pedal	ped'ëll
pirun	fork	fork
pistë	race track	reis trek
pompë	pump	pamp
rregullues zinxhiri	chain adjuster	çejn exhast'ër
rrotë	wheel	huill
- e përparme	front wheel	front huill
- e prasme	rear wheel	rir huill
skarë	carrier	kerr'iër
telajo	frame	frejm
tel rrote	spoke	spouk
timon	handlebar	hend'ëllbar'
zinxhir	chain	çejn

Not - Swimming

banjo dielli	sunbath	san'bath
garë noti	swimming race	suim'ing rejs
not bretkocë	breast stroke	brest strouk
not krol	crawl	kroul
not në shpinë	back stroke	bek strouk
not në stil të lirë	free style swim	fri stajl suim
notoj	to swim	tu suim
pishinë	swiming pool	suim'ing pull
trampolinë	spring board	spring bord
zhytem	to dive	tu dajv
zhytje	diving	dajv'ing

Boks - Boxing

boksjer	boxer	bok'ser
fitoj me pikë	to win by points	tu uin baj points
goditje	blow	bllou
ndeshje boksi	boxing match	boks'ing maç
qëlloj, godas fort	to knock out	tu nok aut
ring	boxing ring	boks'ing ring
skualifikuar (i)	disqualified	dis'kuolli'fajëd

Të kremtat amerikane
The American holidays

Të kremtat zyrtare
The legal holidays

Viti i Ri	*New Year's Day*	nju jirs dej
Ditëlindja e Martin Luter Kingut Xhunior (15 janar)	*Martin Luther King Jr.'s Birthday*	martin' lu'ter xhu'niors bërth'-dej
Ditëlindja e Vashingtonit (e hëna e tretë në shkurt)	*Washington's Birthday*	uash'ingtons bërth'dej
Dita e Kujtimit (e hëna e fundit në maj)	*Memorial Day*	memor'iël dej
Dita e Pavarësisë (4 korrik)	*Independence Day*	indipendens dej
Dita e punës (e hëna e parë në shtator)	*Labor Day*	lej'bër dej
Dita e zgjedhjeve (emarta e parë në nëntor)	*Election Day*	illek'shën dej
Dita e veteranëve (11 nëntor)	*Veterans Day*	vet'ërëns dej
Dita e falënderimit (e enjtja e katërt, nëntor)	*Thanksgiving Day*	thenksgiv'ing dej
Krishtlindjet (25 dhjetor)	*Christmas*	kris'mës

Të kremte të tjera
The other holidays

Ditëlindja e Linkolnit (12 shkurt)	*Lincoln's Birthday*	lin'këlns bërth'-dej
Dita e Shën Valentinit (14 shkurt)	*Valentine's Day*	vell'ëntajns dej
Pashkët	*Easter*	is'tër
Dita e nënave (e diela e dytë në maj)	*Mother's Day*	madh'ërs dej
Dita e baballarëve (e diela e tretë në qershor)	*Father's Day*	fadh'ërs dej
Dita e Kolombit (e hëna e dytë në tetor)	*Columbus*	këll'ëmbus dej
Hallouin (31 tetor)	*Halloween*	hell'ëuin

128

Proverba - Proverbs

Bashkimi bën fuqinë.	*Many hands make light work.*	me'ni hends mejk lajt uork
Është mirë çdo gjë që përfundon mirë.	*All is well that ends well.*	oll iz uell dhet ends uell
I paralajmëruari, gjysmë i shpëtuari.	*Forewarned is forearmed.*	foruërn'ëd is forarm'ëd.
Kalit të falur nuk i shihen dhëmbët.	*Never look a gift horse in the mouth.*	nev'ër lluk e gift hors in dhë mauth.
Koha është flori.	*Time is money.*	tajm iz ma'ni
Kush kërkon gjen.	*Seek till you find.*	siik till ju fajnd.
Kush lakmon shumë, humb dhe atë që ka	*Grasp all, lose all.*	gresp oll, lluz oll.
Kush mëngoi bloi.	*The early bird catches the worm.*	dhi ër'li bërd keç'ës dhi uërm.
Larg syve, larg zemrës	*Out of sight, out of mind.*	aut ov sajt, aut ov majnd
Me një gur vras dy zogj.	*To kill two birds with one stone.*	tu kill tu bërds uith uan stoun
Më mirë një vez sot se një pulë mot.	*An egg today is better than a hen tomorrow.*	en eg tudej' iz bet'ër dhen e hen tëmo'rrou
Më mirë vonë se kurrë.	*Better late than never.*	bet'ër lejt dhen nev'ër
Më thuaj me cilin rri, të them kush je.	*A man is known by the company he keeps.*	e men iz noun baj dhë këm'pani hi kips
Midis dy të këqijave zgjidh më të voglën.	*Of two evils choose the least.*	ov tu iv'ils çuz dhë list
Miku i vërtetë njihet në fatkeqësi.	*A friend in need is a friend indeed.*	e frend in nid iz e frend indid'
Mos trazo qenin që fle.	*Let sleeping dogs lie.*	let slip'ing dogs llaj
Nga shiu në breshër.	*Out of the frying pan into the fire.*	aut ov dhë fraing pen intu' dhë faj'ër
S'është ar çdo gjë që ndrin.	*All is not gold that glitters.*	oll iz not gould dhet glit'ërs
Nuk gjykohet njeriu nga pamja.	*One cannot judge by appearances.*	uan kenot xhaxh baj ëpir'ans
S'ka trëndafil pa gjemba.	*No rose without a thorn.*	nou rouz uith'aut e thorn

Një pikë uji në oqean.	*A drop in the ocean.*	e drop in dhi osh'ën
Qeni që leh nuk kafshon.	*Barking dogs seldom bite.*	bark'ing dogs sel'dëm bajt
Qesh mirë kush qesh i fundit.	*He laughs best who laughs last.*	hi lafs best hu lafs lest
Rrihe hekurin sa është i nxehtë.	*Make hay while the sun shines.*	mejk hej huajl dhë san shajns
S'vjen pranvera me një dallandyshe.	*One swallow does not make a summer.*	uan suëll'ou daz not mejk e sam'ër
Shkon më larg, kush ecën ngadalë.	*Fair and softly, go far in a day.*	fer end soft'li, go far in e dej
Tjetër të thuash e tjetër të bësh.	*Saying and doing are two things.*	seing end duing ar tu things
Uria është salca më e mirë.	*Hunger is the best sauce.*	hang'ër iz dhë best sous
Veprat flasin më mirë se fjalët.	*Actions speak louder then words.*	eksh'ëns spik laud'ër dhen uërds.

Gramatikë

Alfabeti anglez

Alfabeti anglez ka 26 gërma:

A (ej) **B** (bi) **C** (si) **D** (di) **E** (i) **F** (ef) **G** (xhi) **H** (ejxh) **I** (aj) **J** (xhej) **K** (kej) **L** (ell) **M** (em) **N** (en) **O** (ou) **P** (pi) **Q** (kju) **R** (ar) **S** (es) **T** (ti) **U** (ju) **V** (vi) **W** (dabëllju) **X** (eks) **Y** (uaj) **Z** (zed)

Shqiptimi (The pronunciation)

Në gjuhën angleze nuk ka rregulla fikse për shqiptimin. Madje edhe një person, i cili ka si gjuhë amëtare anglishten, shpesh duhet të konsultohet me fjalorin për të gjetur shqiptimin korrekt të një fjale të re. Mënyra më e mirë për të mësuar shqiptimin e nje fjale është ta dëgjosh atë me vemendje dhe ta përsërisësh me kujdes.

Anglishtja ka disa lloje shqiptimi, në varësi nga krahina ku flitet, por dy tipe shqiptimi janë më të rëndësishmit: ai evropian (që flitet ne Angli) dhe ai amerikan (që flitet ne Shtetet e Bashkuara dhe në Kanada). Në këtë libër i jemi përmbajtur shqiptimit amerikan.

Shqiptimi i zanoreve (The pronunciation of the vowels)

a	a	e	ej	o
	father *fadh'ër*	ask *esk*	late *lejt*	all *oll*
	hard *hard*	many *me'ni*	tape *tejp*	call *coll*
e	e	i	ë	
	get *get*	begin *bigin*	dinner *dinër*	
	lesson *les'sën*	he *hi*	her *hër*	
i	i	aj	ë	
	milk *milk*	high *haj*	sir *sër*	
	silver *sil'vër*	price *prajs*	bird *bërd*	
o	o^u	u	a	o
	go *gou*	to *tu*	stop *stap*	more *mor*
	home *houm*	move *muv*	shop *shap*	before *bifor'*
u	ju	u	a	ë
	cute *kjut*	pull *pull*	cut *kat*	burn *bërn*
	pure *pjur*	push *push*	fun *fan*	fur *fër*

y	i	aj
	only *onlli*	by *baj*
	hymn *himn*	skye *skaj*

Shqiptimi i bashkëtingëlloreve (The pronunciation of the consonants)

Bashkëtingëlloret **b, d, f** (përjashtuar **of** - ov), **h** (përjashtuar **honor** *anër,* **honest** an'ist, **hour** *aur*), si dhe **p, r, v , z** shqiptohen si bashkëtingëlloret përkatëse shqip. Ndërsa të tjerat shqiptohen si më poshtë:

c	**k** (para a, o, u)	**s** (para i ose y)		
	card *kard*	city si'ti		
g	**g**	**xh**		
	garden *gard'ën*	gender xhen'dër		
j	**xh**			
	judge *xhaxh*			
k	**k**	e pazëshme (para -n)		
	kid *kid*	knife *najf*		
q	**k**			
	quince *kuins*			
s	**s**	**z**	**sh**	**zh**
	send *send*	has *hez*	sugar *shug'ër*	vision vi'zh'ën
t	**t**	**sh**	**ç**	
	table *tejbëll*	nation *nej'shën*	nature *nej'çër*	
w	**ui**	**uo**	**ue**	**uej**
	with *uith*	wash *uosh*	wax *ueks*	wake *uejk*
x	**gz** (para zan.)	**ks** (para bashkëting.)		
	exit *eg'zit*	next *nekst*		

Shqiptimi i diftongjeve (The pronunciation of diphthongs)

1. **ai, ay**   **ej**

   main *mejn*

   day *dej*

2. **au, aw**   **o**
caught *kot*

3.. **ea**   **i**   **ej**   **e**
sea *si*   great *grejt*   bread*bred*

4. **ee**   **i**
meet - mit

5. **ei**   **i**   **ej**   **aj**
ceiling*sil'ling*   vein*vejn*   height *hajt*

6. **ey**   **ej**
they   *dhej*

7. **oa**   o^u
boat *bo^{u}t*

8. **oe**   **ou**   **u**
foe *fo^u*   shoe *shu*

9. **oo**   **o**   **u**   **a**
door *dor*   moon *mun*   blood *bllad*

10.**ou**   **u**   **au**   **ou**
soup *sup*   house *hauz*   soul *soul*

11.**ui**   **i**   **u**
build *billd*   juice *xhus*

12. **uy**   **aj**
buy *baj*

13. **wo**   **uë**
world *uërld*

Fjalor - Vocabulary

action *ekshën*	veprim		he *hi*	ai
all *oll*	të gjithë		height *hajt*	lartësi
any *e'ni*	ndonjëri		her *hër*	i saj
ask *esk*	pyes		high *haj*	lart
before *bifoor*	para		home *houm*	shtëpi
begin *bigin'*	filloj		house *hauz*	shtëpi =
bird *bërd*	zog		hymn *himn*	himn
blood *bllad*	gjak		join *xhoin*	bashkohem
boat *bout*	barkë		judge *xhaxh*	gjykatës
book *buk*	libër		juice *xhus*	lëng frutash
bother *badh'ër*	shqetësoj		keep *kip*	mbaj
bread*bred*	bukë		kid *kid*	fëmijë
build *billd*	ndërtoj		knife *najf*	thikë
burn *bërn*	shpërthej, ndizem		know *nou*	di, njoh
busy *bi'zi*	i zënë		late *lejt*	vonë
buy *baj*	blej		lesson *les'sën*	mësim
by *baj*	mirupafshim		law *lô*	ligj
call *coll*	telefonatë		main *mejn*	kryesor
card *kard*	kartelë		many *me'ni*	shumë
caught *kôt*	kapur		measure *mezh'ër*	masë
ceiling*si'lling*	tavan		meet - mit	takoj
city *si'ti*	qytet		milk *milk*	qumësht
cup *kap*	gotë, filxhan		moon *mun*	hënë
cut *kat*	pres		more *mor*	më, më shumë
cute *kjut*	elegant		move *muv*	lëviz, ec
day *dej*	ditë		nation *nej'shën*	komb
dinner *din'ër*	drekë		nature *nej'çër*	natyrë
exact *ig'zakt*	ekzakt		next *nekst*	tjetri
exam *igzem'*	provë		picture *pik'çër*	fotografi
eye *aj*	sy		police *pëlis'*	polic
father *fadh'ër*	baba		price *prajs*	çmim
foe *fou*	armik		pull *pull*tër	heq
fun *fan*	qejf, zbavitje		pure *pjur*	i pastër
fur *fër*	gëzof		push *push*	shtyj
garden *gard'ën*	kopsht		quince *kuins*	ftua
gender *xhen'dër*	gjini		sea *si*	det
get *get*	marr, gjej		send *send*	dërgoj
gin *xhin*	xhin		shoe *shu*	këpucë
give *giv*	jap		stop *stap*	ndalesë
go *gou*	shkoj		silver *sil'vër*	argjend
great *grejt*	i madh		sir *sër*	zotëri
hard*hard*	vështirë		soul *soul*	shpirt
has *hez*	ka		soup *sup*	supë

134

sugar *shug'ёr*	sheqer		vision *vi'zhёn*	vizion
sure *shur*	sigurisht		wake *uejk*	ngre
table *tej'bёll*	tavolinё		walk *uok*	ec, shёtis
tape *tejp*	shirit		wash *uosh*	laj
they *dhej*	ata		wax *ueks*	dyll
touch *taç*	prek		will *uill*	vullnet, dёshirё
vein*vejn*	venё		with *uith*	me

Nyjet *Articles*

Nyja e shquar **the** (*dhё* - para bashkëtingëlloreve, *dhi* - para zanoreve) nuk ndryshon në gjini dhe numër.

Nyja e pashquar **a** (*e*), e cila para fjalëve që fillojnë me zanore ose **h** merr një n: **an** (*en*). Përdoret **a** edhe kur emri fillon me **u** ose **h** aspirante (**a u**nited people, **a h**uge amount of money).

Emrat *Nouns*

Gjinia e emrit: Në anglisht emri mund të jetë i gjinisë mashkullore (masculine), femrore (feminine) dhe asnjanëse (neutre). Sendet dhe kafshët janë të gjinisë asnjanëse, me përjashtim të kafshëve që u përcaktohet seksi. Në vetën e tretë njëjës për çdo gjini ka një përemër: he (m.), she (f.), it (n.).

Shumësi i emrave: Zakonisht shumësi formohet duke i shtuar një **s** njëjësit: student - *students*.

Emrat që në njëjës mbarojnë me **s, x, z, ch, sh, o,** marrin një **e** para **s**: process-process**es**,

Emrat që në njëjës mbarojnë me **y**, në shumës ndryshojnë **y** në **ie,** kur **y** s'paraprihet nga një zanore: pretty-prett**ies**

E formojnë shumësin në mënyrë *të çrregullt* këta emra:

njejës		*shumës*	
child (çailld)	fëmijë	children (çill'drën)	
foot (fut)	këmbë	feet	(fit)
goose (gus)	patë	geese	(gii)
man (men)	burrë	men	(men)
mouse (ma'us)	mi	mice	(majs)
ox (oks)	ka	oxen	(oks'ën)
tooth (tuth)	dhëmb	teeth	(tith)
woman (um'ën)	grua	women	(uim'in)

Disa emra nuk kanë shumës apo njëjës:

Nuk kanë shumës:		Nuk kanë njejës:	
business (biz'nis)	punë	ashes (esh'ës)	hiri
care (ker)	kujdes	bellows (bell'ouz)	kacek
darkness (dark'nes)	errësirë	billiards (bil'jardz)	biljardo
furniture (fër'niçër)	mobilje	clothes (klo'dhëz)	rroba
hair (her)	flokë	costums (kës'tëms)	doganë
knowledge (nol'ixh)	njohuri	goods (guds)	mallëra
learning (lërn'ing)	të mësuarit	measles (miz'ëllz)	fruth
luggage (llag'gixh)	bagazh	pants (pents)	pantallona
progress (prog'res)	përparim	riches (riç'iz)	pasuri
property (propër'ti)	pronë	scissors (si'zërs)	gërshërë
spinach (spin'iç)	spinaq	tidings (taid'ings)	lajme
wealth (uelllth)	pasuri	tongs (tongz)	mashë

Emrat që tregojnë sende të përbërë nga dy pjesë, si *scissors, pants, bellows* paraprihen zakonisht nga fjalët *a pair of* (një palë). Ndërsa për të thënë *një mobilje* përdoret fjala *a piece of (furniture)*.

Këta emra ruajnë të njëjtën formë për njëjës dhe shumës.
deer (dir)   sorkadhe
fish (fish)   peshk, peshq
sheep (ship)   një dele, shumë dele
Ata marrin **s** vetëm kur duam të tregojmë një numër të caktuar.

Mbiemrat *Adjectives*

Mbiemri në anglisht nuk ka kategoritë e gjinisë, numrit dhe rasës si në shqip. Ai është i pandryshushëm dhe qëndron zakonisht para emrit: *a good boy* (një djalë i mirë), *a good girl* (një vajzë e mirë), *good boys and girls* (djem e vajza të mira).

Më poshtë po japim listën e mbiemrave më të përdorshëm në anglisht:

Mbiemrat më të përdorshëm

afë (i,e)	capable *kej'pëbëll*	budalla (-qe)	stupid *stup'id*
antipatik	nasty *nes'ti*	bujar (-e)	generous *xhe'nërëz*
bjond (-e)	blonde *blond*	bukur (i,e)	beautiful *bju'tifull*
brishtë (i,e)	fragile *frexh'ëll*	butë (i,e)	soft *soft*

dashur (i,e)	dear *dir*
dhjamosur (i,e)	fat *fet*
djallëzuar (i,e)	crooked *kruk'ëd*
dobët (i,e)	weak *uik*
domosdoshëm i	necessary *nes'iseri*
drejtë (i,e)	straight *strejt*
ëmbël (i,e)	sweet *suit*
famshëm (i,e)	famous *fej'mës*
fortë (i,e)	hard *hard*
freskët (i,e)	fresh *fresh*
ftohtë (i,e)	cold *kold*
fuqishëm (i,e)	strong *strong*
gëzuar (i,e)	merry *me'rri*
gjatë (i,e)	long *long*
gjerë (i,e)	wide *uajd*
hapur (i,e)	open *oup'ën*
hidhur (i,e)	bitter *bit'ër*
keq (i,e)	bad *bed*
- më i keqi	worst *uërst*
këndshëm (i,e)	pleasant *plez'ënt*
lartë (i,e)	high *haj*
lehtë (i,e)	easy *i'zi*
lehtë (i,e)	light *llajt*
lirë (i,e)	free *frii*
lodhur (i,e)	tired *tajrd*
madh (i,e)	big *big*
mbyllur (i,e)	closed *klo'zëd*
mërzitshëm (i,e)	boring *bori'ng*
mësuar (i,e)	learned *lër'nëd*
mirë (i,e)	good *gud*
më i miri	best *best*
nevojshëm (i,e)	useful *juz'full*
ngadalshëm (i,e)	slow *slou*
ngrohtë (i,e)	warm *uorm*
ngushtë (i,e)	narrow *ner'rou*
njomë (i,e)	damp *demp*
paaftë (i,e)	incapable

		inkej'pëbëll
pagdhendur (i,e)	rude *rud*
pakëndshëm (i,e)	unplesant *anplez'ënt*
pamësuar (i,e)	ignorant *ig'nërënt*
panjohur (i,e)	unknown *an'noun*
papastër (i,e)	dirty *dër'ti*
pastër (i,e)	clean *klin*
pasur (i,e)	rich *riç*
pathyeshëm (i,e)	unbreakable
	an'brejk'ebëll
pavlerë (i,e)	cheap *çip*
plak (-ë)	old *olld*
privat (-e)	private *praj'vit*
publik (-e)	public *pab'llik*
rëndë (i,e)	heavy *he'vi*
rëndësishëm (i,e)	important *impor'tnt*
ri (i,e)	young *jang*
shëmtuar (i,e)	ugly *ag'lli*
shëndetshëm (i,e)	healthy *hell'thi*
shkurtër (i,e)	short *short*
shpejtë (i,e)	quick *kuik*
simpatik	nice *najs*
sjellshëm (i,e)	kind *kajnd*
tepërt (i,e)	extra *ekstra*
tharë (i,e)	dry *draj*
thatë (i,e)	thin *thin*
thellë (i,e)	deep *dip*
trishtuar (i,e)	sad *sed*
ulët (i,e)	low *lou*
varfër (i,e)	poor *pur*
vështirë (i,e)	difficult *dif'ikëlt*
vogël (i,e)	small, *smoll*
zbavitës (-e)	amusing *ëmjuz'ing*
zënë (i,e)	busy *bi'zi*
zgjuar (i,e)	intelligent, clever
	intell'exhent, klev'ër

Mbiemrat që tregojnë ngjyra

bardhë (i,e)	white *huajt*	krem	cream *krim*
bezhë	beige *bejxh*	kuq (i,e)	red *red*
blu i errët	dark blue *dark bllu*	kuq i hapët	bright red *brajt red*
çokollatë	chocolate *çok'llit*	larmë	varicolored
ergjënd	silver *sil'vër*		*var'ikëll'ërd*
errët (i, e)	dark *dark*	limon	lemon *lemën*
gështenjë	chestnut *çesnët*	manushaqe	violet vaj'ëlit
gri	grey *grej*	portokalli	orange *or'inxh*
gri-bojë hiri	ash-gray *esh grej*	praruar	golden *golld'ën*
gjelbër (i, e)	green *grin*	purpur	purple *për'pëll*
hapët (i, e)	bright *brajt*	trëndafili	pink, rosy
kafe	brown *braun*		*pink, ro'zi*
kaki	khaki *kek'i*	verdhë	yellow *jell'ou*
kaltërt (i, e)	blue *bllu*	vishnje	cherry *çerr'i*
kaltërt i hapët	light blue *llajt bllu*	zezë (të)	black *bllek*
koral	coral *kor'ëll*		

Shkallët e mbiemrit

Shkallët e mbiemrit (Degrees of Comparison) në anglisht, si në shqip, janë tri: pohore *(Positive)*, krahasore *(Comparative)* dhe sipërore *(Superlative)*.

Shkalla krahasore e shumicës së mbiemrave formohet me prapashtesën **-er**, ndërsa shkalla sipërore me prapashtesën **-est**. Ja disa shembuj (korresponduesi shqip jepet në trajtën e gjinisë mashkullore):

Positive	Comparative	Superlative
young (jang) *i ri*	younger	youngest
tall (toll) *i gjatë*	taller	tallest
sweet (suit) *i ëmbël*	sweeter	sweetest
fine (fajn) *i bukur*	finer	finest

Ja disa shembuj:

Marin is *young.* (Marini është i ri)

Marin is *yonger* than Ilir. (Marini është më i ri se Iliri)

Marin is *the youngest* in our family. (Marini është më i riu në familjen tonë).

Me mbiemrat që kanë më shumë se dy rrokje në vend të prapashtesave përdoren zakonisht ndajfoljet *more* (mor) ose *most* (most), për

shembull:
Bill is *intelligent*. (Billi është i zgjuar)
Bill is *more intelligent* than Joe. (Billi është më i zgjuar se Xho)
Bill is *the most intelligent* student in the class. (Billi është studenti më i zgjuar në klasë)

Disa mbiemra dalin me rrënjë të ndryshme në shkallën krahasore dhe sipërore:

Positive	*Comparative*	*Superlative*
good *guud* - i mirë	better	best
bad *bed* - i keq	worse	worst
many *meni* - shumë	more	most
little *litëll* - i vogël	less	least
far *far* - larg	farther	farthest

Numërorët *Numerals*
Numërorët themelorë *Cardinal Numerals:*

1	one *uan*	21	twenty one *tuenti uan*
2	two *tu*	22	wenty two *tuenti tu*
3	three *thrii*	23	twenty three *tuenti thri*
4	four *for*	24	twenty four *tuenti for*
5	five *fajv*	25	twenty five *tuenti fajv*
6	six *siks*	30	thirty *thërti*
7	seven *sevën*	40	forty *forti*
8	eight *ejt*	50	fifty *fifti*
9	nine *najn*	60	sixty *siksti*
10	ten *ten*	70	seventy *sevënti*
11	eleven *illevën*	80	eighty *ejti*
12	twelve *tuellv*	90	ninety *najnti*
13	thirteen *thërtin*	100	one hundred *uan handred*
14	fourteen *fortin*	1000	one thousand *uan thausend*
15	fifteen *fiftin*	10.000	ten thousand *ten thausend*
16	sixteen *sikstin*	1.000.000	one million *uan milion*
17	seventeen *sevëntin*	57	fifty seven *fifti seven*
18	eighteen *ejtin*	96	ninety six *najnti siks*
20	twenty *tuenti*	753	seven hundred fifty three *sevën handred fifti thrii*

Numërorët rreshtorë *Ordinal Numerals*:

1° the first *dhë fërst*	*shkurt:*	1st.
2° the second *dhë sek'ënd*		2nd.
3° the third *dhë thërd*		3rd.
4° the fourth *dhë forth*		4th.
5° the fifth *dhë fifth*		5th.
6° the sixth *dhë sikth*		6th.
7° the seventh *dhë sev'ënth*		7th.
8° the eightth *dhë ejtth*		8th.
9° the ninth *dhë najnth*		9th.
10° the tenth *dhë tenth*		10th.
11° the eleventh *dhë illev'ënth*		11th.
12° the twelfth *dhë tuellfth*		12th.
13° the thirteenth *dhë thërtinth'*		13th.
21° the twenty first *dhë tuen'ti fërst*		21st.
22° the twenty second *dhë tuen'ti sek'ënd*		22nd.
23° the twenty third *dhë tuen'ti third*		23rd.
31° the thirty first *dhë thër'ti fërst*		31st.
32° the thirty second *dhë thër'ti sek'ënd*		32nd.
33° the thirty third *dhë thër'ti thërd*		33rd.
100° the hundredth *dhë handredth'*		100
1000° the thousandth *dhë thauzendth'*		1000

Përemrat *Pronouns*
Përemrat Vetorë- *Personal Pronouns*

I , me *(aj, mi)*	unë, mua, më
you, you *(ju, ju)*	ti, ty, të
he, him *(hi, him)*	ai, atij, i
she, her *(shi, hër)*	ajo, asaj, i
it	(asnjanëse)
we, us *(ui, as)*	ne, neve, na
you, you *(ju, ju)*	ju, juve, ju
they, them *(dhei, dhem)*	ata, atyre, u
they, them *(dhei, dhem)*	ato, atyre, u

Përemrat pronorë - Possessive Pronouns

my *(maj)*	im	mine (majn)	i imi
your *(jur)*	yt	yours (jurs)	i yti
his *(his)*	i (e) tij	his (his)	i tij
her *(hër)*	i (e) saj	hers (hërs)	i saj
its (its)	(asnjanëse)		
our *(aur)*	ynë	ours (ours)	aurs
your *(jur)*	juaj	yours (jurs)	jurs
their *(dheir)*	i (e) tyre	theirs (dheirs)	dheirs

Përemrat dëftorë - Demonstrative Pronouns

this (dhis)	ky, kjo	these (dhi'iz)	këta, këto
that (dhet)	ai, ajo	those (dho'uz)	ata, ato

Përemrat e pakufishëm - Indefinite Pronouns

somebody *sam'badi*	ndokush	many *me'ni*	shumëkush
no one *no uan*	asnjë	a few *e fju*	disa
nobody *no'badi*	askush	others *odh'ërs*	të tjerë
none *nën*	asnjë	another *enadh'ër*	një tjetër
anyone *eni'uan*	dikush	each *iç*	secili
anybody *eni'badi*	dikush	every *e'vri*	kushdo
few *fju*	pak kush	both *both*	të dy

Përemrat pyetës - Interrogative Pronouns

who? *hu*	cili, cila?
of whom? *ov hum*	për cilin, për kë?
whose? *huz*	i kujt, i cilit?
whom? *hum*	cilin?
which? *huiç*	kush?
what? *huat*	çfarë?

Përemrat lidhorë - Relative Pronouns

	për njerëz	kafshë, sende	në përgjithësi
Nominative (emrore)	who *hu*	which *huiç*	that *dhet*
	i cili, që	që	që, i cili

141

Genitive (gjinore)	whose *huz*	of which	of that
	(i, e) të cilit	(i, e) të cilit	(i,e) të cilit
Dative (dhanore)	to whom *hum*	to, at which	
	të cilit	të cilit	
Accussative (kallëzore)	whom	which	that
	të cilin, që	që, të cilin	që, të cilin
Ablative (rrjedhore)	from whom	from which	
	prej të cilit	prej të cilit	

Foljet *Verbs*

Foljet në anglisht ndahen në të rregullta dhe të parregullta.

Foljet e rregullta jepen zakonisht në katër forma: infinitiv, të tash-men e thjeshtë (në vetën e tretë njejës), të shkuarën dhe pjesoren e tashme, për shembull:

Infinitive	*Present*	*Past*	*Pres. participle*
(infinitivi)	(e tashmja)	(e shkuara)	(pjesorja e t.)
ask *esk* (pyes)	asks	asked	asking
carry *kerri* (mbart)	carries	carried	carrying
climb *klajm*(ngjitem)	climbs	climbed	climbing
cry *kraj* (thërras, qaj)	cries	cried	crying
drop *drop* (rrëzoj, bie)	drops	dropped	dropping
jump *xhamp* (hidhem)	jumps	jumped	jumping
marry *merr'i* (martohem)	marries	married	marrying
mix *miks*(përzjej)	mixes	mixed	mixing
move *muv* (lëviz)	moves	moved	moving
occur *ëkur*(ndodh)	occurs	occurred	occurring
play *plej* (luaj)	plays	played	playing
skate *skejt* (skijoj)	skates	skated	skating
spray *sprej* (spërkas)	sprays	sprayed	spraying
stay *stej* (qëndroj)	stays	stayed	staying
stop *stap* (ndal)	stops	stoped	stoping
wash *uosh* (laj)	washes	washed	washing
watch *uoç* (ruaj)	watches	watched	watching
work *uork* (punoj)	works	worked	working

Foljet e parregullta jepen në të tashmen, në të shkuarën dhe në pjesoren e shkuar, në të cilat pësojnë nganjëherë mjaft ndryshime, për shembull:

Present Tense (e tashmja)	Past Tense (e shkuara)	Past Participle (pjesorja e shkuar)
begin *bigin* (filloj)	began	begun
bid *bid* (urdhëroj)	bade	bidden
bid *bid* (ofroj)	bid	bid
blow *bllou* (fryj)	blew	blown
break *brejk* (thyej)	broke	broken
burst *bërst* (shpërthej)	burst	burst
dive *dajv* (zhytem)	dived	dived
drag *dreg* (tërheq)	dragged	dragged
draw *drou* (vizatoj)	drew	drawn
drink *drink* (pi)	drank	drunk
eat *it* (ha)	ate	eaten
go *gou* (shkoj)	went	gone
hang *heng* (var, vendos)	hung	hung
hang *heng* (var, vras)	hanged	hanged
kneel *nill* (bie në gjunjë)	knelt	knelt
lay *lej* (lë, vendos)	laid	laid
lend *lend* (huazoj)	lent	lent
rid *rid* (shpëtoj)	rid	rid
rid *rajd* (kalëroj)	rode	ridden
ring *ring* (i bie ziles)	rang	rung
rise *rajs* (ngre)	rose	risen
run *ran* (vrapoj)	ran	run
shake *shejk* (tund)	shook	shaken
shine *shajn* (ndriçoj)	shone	shone
sing *sing* (këndoj)	sang	sung
swim *suim* (notoj)	swam	swum
take tejk (marr)	took	taken
tear *tir* (gris, shqyej)	tore	torn
write *rajt* (shkruaj)	wrote	written

Ndër më të parregulltat midis foljeve të parregullta është folja *to be* (jam). Ajo paraqitet në tetë forma:

e tanishmja	*am* (*em*)	jam (unë)
"	*is (iz)*	është (ai, ajo)
"	*are (ar)*	jemi (ne, ju, ata)
e shkuara	*was (uaz)*	isha (unë, ti, ai, ajo)
"	*were (uer)*	ishim (ne, ju, ata)
infinitiv i tashëm	*to be (tu bi)*	të jem
pjesorja e tanishme	*being (biing)*	duke qenë
pjesorja e shkuar	*been (biin)*	qenë

Zgjedhimi i foljes <u>to be</u> (jam)

Mënyra dëftore - *Indicative Mood*

Koha e tashme (jam) - Present tense

I *aj*	am *em*	we *ui*	are (*ar*)
you *ju*	are *ar*	you *ju*	are (*ar*)
he, she *hi, shi*	is *iz*	they *dhei*	are (*ar*)
it *it*	is *iz*		

Koha e pakryer (isha) - Past tense

I	was *uaz*	we	were *uer*
you	were *uer*	you	were
uer			
he, she, it	was uaz	they	were *uer*

Koha e kryer (kam qenë) - Present Perfect tense

I	have been *hev bin*	we	have been *hev*
bin			
you	have been	you	have been
he, she, it	has been *hez bin*	they	have been

Koha më se e kryer (kisha qenë) - Past Perfect tense

I	had been	we	had been *hed bin*
you	had been	you	had been
he, she, it	had been	they	had been

Koha e ardhme (do të jem) - Future tense

Në anglisht ka dy forma për kohën e ardhme. E para tregon se veprimi i shprehur nga folja do të ndodhë pavarësisht nga vullneti i folësit. E dyta tregon se veprimi i shprehur nga folja do të ndodhë sepse kështu do folësi. Prandaj ajo përdoret kur premtojmë ose japim urdhër (kohë e ardhme volitive).

	1)	2)
I	shall be *shell bi*	will be *uill bi*
you	will be *uill b*i	shall be *shell bi*

144

he, she, it	will be *uill bi*	shall be *shell bi*
we	shall be *shell bi*	will be *uill bi*
you	will be *uill bi*	shall be *shell bi*
they	will be *uill bi*	shall be *shell bi*

Mënyra urdhërore - *Imperative Mood*

Veta I	let me be *let mi bi*	let us be *let as bi*
Veta II	be	be
Veta III	let him(her, it) be	let them be

Mënyra lidhore - *Subjunctive Mood*

Perfect tense	*Past tense*	*Past Present tense*
(Koha e tashme)	(K. e pakryer)	(K. më se e kryer)
(If) I be *aj bi* -	(If) I were *if aj uer*	(If) I had been *hed bin*
(If) you be etj.	(If) you were etj. .	(If) you had been etj.
për të gjitha v.	për të gjitha v	për të gjitha vetat

Në praktikën gjuhësore mënyra lidhore është pak e përdorur dhe zëvendë-sohet zakonisht me dëftoren.

Zgjedhimi i foljes to have (kam)

Mënyra dëftore - *Indicative Mood*

Present	*Past T.*	*Pr. Perfect T.*	*Past Perfect T.*	*Future Tense*
(Tashme)	(Pakryer)	(Kryer)	(Më se e kr.)	(Ardhshme)
I have *hev*	had *hed*	have had	had had	will/shall have
You have	had	have had	had had	shall (will) have
he/she has	had	have had	had had	shall (will) have
we have	had	have had	had had	will (shall) have
you have	had	have had	had had	shall (will) have
they have	had	have had	had had	shall (will) have

Mënyra lidhore - *Subjunctive mood*

Present	*Present Perfect*	*Past Perfect*
(k. e tashme)	(k. e kryer)	(k. më se e kryer)
(If) I have	(If) I have had	(If) I had had etj.

Për të gjitha vetat njëlloj.

Mënyra urdhërore - Imperative Mood

| Veta I - | let me have | let us have |
| Veta II - | have | have |

145

Veta III -   let him (her) have   let them have

Foljet *to be* (jam) dhe *to have* (kam) janë po aq të rëndësishme sa edhe në gjuhën shqipe. Ato mund të përdoren:

ne mënyrë të pavarur:
Yesterday I <u>was</u> at Library (Dje unë isha në bibliotekë).
Do you <u>have</u> my book? (E keni librin tim?)

si këpujë (e kallxuesit emëror):
I <u>am Albanian</u> (Unë jam shqiptar)

si folje ndihmëse:
I <u>have helped</u> often my friends (Unë i kam ndihmuar shpesh shokët)
Yesterday I <u>was helping</u> one of them (Dje isha duke ndihmuar njërin prej tyre)
    Si folje ndihmëse, *to be* dhe *to have* ndihmojnë për të formuar të gjitha kohët e përbëra.

Zgjedhimi i foljes së rregullt <u>to help</u> (ndihmoj)

Mënyra dëftore - Indicative Mood

Present	*Past T.*	*Present Perf. T.*	*Past Perf. T.*	*Future T.*
I help (*help*)	helped	have helped	had helped	shall help
you help	helped	have helped	had helped	will help
he/she helps	helped	have helped	had helped	will help
it helps	helped	have helped	had helped	will help
we help	helped	have helped	had helped	shall help
you help	helped	have helped	had helped	will help
they help	helped	have helped	had helped	they will help

Mënyra lidhore - Subjunctive Mood

Present Tense	*Past Tense*	*Present Perf. T.*	*Past Perf. T.*
(If) I help	(If) I helped	(If) I have helped	(If) I had helped
(If) you help	(If) you helped	(If) you have helped	(If) you had helped
(If) he/she helps	(If) he/she helped	(If) he/she have helped	(If) he/she had helped
(If) it helps	(If) it helped	(If) it have helped	(If) it had helped
(If) we help	(If) we helped	(If) we have helped	(If) we had helped
(If) you help	(If) you helped	(If) you have helped	(If) you had helped
(If) they help	(If) they helped	(If) they have helped	(If) they had helped

Ndajfoljet (Adverhs)

Ndajfoljet e kohës

akoma	still *still*		më parë	before *bifor*
dy herë	twice *tuajs*		pastaj	then *dhen*
gjithnjë	always *oll'uejz*		pesë herë	five times *fajv tajms*
kurrë	never *nev'ër*		prej kohësh	long since *long sins*
më	more *mor*		rrallëherë	rarely *rar'li*
më vonë	later *lejtër*		shpejt	quickly *kuik'li*
ndërkaq	meanwhile *min'huajl*		shpesh	often *ofën*
në çast	at once *et uans*		tani	now *nau*
nganjëherë	sometimes *sam'tajms*		vonë	late *lejt*
një herë	once *uans*		zakonisht	usually *ju'zhuëlli*

Ndajfoljet e vendit

atje	there *dher*		në lindje	to the East *tu dhi ist*
afër	near *nir*		në perëndim	to the West *tu dhi uest*
diku	anywhere *en'ihuer*		në të djathtë	to the right *tu dhë rajt*
diku këtu	around here *eraund' hir*		në të majtë	to the left *tu dhë left*
drejt	straight *streit ëhed'*		në veri	to the North *tu dhë north*
ja atje	over there *ov'ër dher*		matanë	across *ëkros'*
ja këtu	right here *rajt hir*		përballë	in front *in front*
këtu	here *hir*		përpara	ahead
lart	high *haj*		poshtë	down *daun*
larg	far *far*		prapa	in the back *in dhë bek*
në jug	to the South *tu dhë sauth*			

Ndajfoljet e mënyrës

bukur	nice *najs*		miqësisht	friendly *frend'lli*
butë	soft *soft*		mirë	good *gud*
disi	somewhat *sam'huat*		ngadalë	slowly *slou'lli*
errët	dark *dark*		plot	full *full*
fuqimisht	powerfully *pour'fulli*		shkurt	shortly *short'lli*
gabim	wrong *rong*		shpejt	quickly *kuik'lli*
herët	early *ër'lli*		thellë	deeply *dip'lli*
lehtësisht	easily *iz'lli*		vërtet	really *rië'lli*

Ndajfoljet pyetëse

ku?	where? *hue*r	sa (shumë)?	how many? *hau meni*
kur?	when? *when*	sa herë?	how often? *hau ofën*
pse?	why? *huaj*	sa kohë?	how long? *hau long*
sa (shumë)?	how much? *hau maç*	si?	how? *hau*

Shkallët krahasore të ndajfoljeve

Ndajfoljet njërrokëshe i formojnë shkallët krahasore dhe sipëroreme prapashtesa, për shembull:

Pohore	*Krahasore*	*Sipërore*
fast (fest) -*shpejt*	fast-er (festër)	fast-est (festest)
late (lejt) - *vonë*	lat-er (lejtër)	lat-est (lejtest)
short (short) - *shkurt*	short-er (shorter)	short-est (shortest)

Ndajfoljet me më shumë se një rrokje e formojnëshkallën krahasore me ndihmën e ndajfoljeve *more* (më shumë) dhe *less* (më pak), ndërsa shkallën sipërore me ndihmën e ndajfoljeve *most* (më i) dhe *least* (më pak i), për shembull:

Pohore	*Krahasore*	*Sipërore*
wisely (uajs'lli) - *me mënçuri*	more wisely	most wisely
	less wisely	least wisely
loudly (loud'lli) - *me zë të lartë*	more loudly	most loudly
	less loudly	least loudly

Lidhësat - *Conjuctions*

akoma	still *still*		ndërkohë	while *huajll*
deri	until *antill*		ndërsa	while *huajll*
dhe	and *end*		në qoftë se	if *if*
gjithashtu	as well as *es uell es*		por	but *bat*
jo vetëm,	not only *not onlli*		porsa	just *xhast*
por edhe	but also *bat olsou*		që	that *dhet*
me të	as soon as *es sun es*			

Parafjalët - *Prepositions*   PART A

brenda (vend)	inside *insajd*	nën	under *and'ër*
brenda (kohë)	within *uithin*	nëpër	through *thru*
deri	until *antill*	nga	from *from*
drejt	toward *touërd*	pa	without *uithaut*
gjatë	during *during*	para	before *bifor*
jashtë	outside *autsajd*	pas	after *eftër*
midis	among *emong*	për	for *for*
mbi (rreth)	about *ebaut*	për më tepër	besides *bisaidz*
mbi (sipër)	over *ov'ër*	përballë	opposite *opozitt*
me	with *uith*	përveç	except *iksept*
midis^1	between *bituin*	poshtë	below *billou*
midis^2	among *emong*	pranë	by, near *baj, niir*
në	in, to, at *in, tu, et*	prapa	behind *bihajnd*
	on, to *on, tu*	rreth	around *eraund*

THE SOUNDS OF ALBANIAN

THE LETTERS OF THE ALBANIAN ALPHABET AND THEIR PRONUNCIATION

The Albanian language uses the Latin alphabet. There are 36 letters that correspond to the 36 sounds (7 vowels and 29 consonants). Seven of them (dh, gj, nj, sh, th, xh, zh) are letter combinations. Unlike many European languages, Albanian words have no silent letters and letters are pronounced only one way. The correct pronunciation of the letters, therefore, provides the right pronunciation of the words.

For spelling purposes the consonants are pronounced with a following ë, (a sound like *e* in English *winter*), e.g. *bë, cë, dë,* etc.

The letters of the Albanian alphabet are:

a, b, c, ç, d, dh, e, ë, f, g, gj, h, i, j, k, l, ll, m, n, nj, o, p, q, r, rr, s, sh, t, th, u, v, x, xh, y, z, zh.

Of this *a, e, ë, i, o, u, y* are wovels and the remainder are consonants.

We will now analize the vowels and consonants of Modern Literary Albanian. There are two main dialects in Albanian: **gegë** or northern dialect and **toskë** or southern dialect. This later one is used now as the Modern Literary Albanian. The **gegë** dialect is also in use in Albania and among the Albanians outside the Albania's territory (Kosovo, Macedonia, Montenegro).

1. THE PRONUNCIATION OF THE VOWELS

As was noticed above, Albanian is a phonetic language. Every letter must be distinctly and clearly pronounced.

The vowels *a, e, ë, i, o, u, y* are pronounced like their English equivalents in the following words:

a - babà (father) - like **a** in father,

e - emër (name) - like e in technique,
ë - nënë (mother) - like u in nurse or like English e in father,
i - mìrë (good)- like English ee in sleep,
o - sport (sport)- like o in port,
u - frut (fruit) - like oo in food,
y - yll (star) - approximatively like u in avenue (French u).

Except for y, all of the Albanian vowel sounds are present in the English language.

Unlike English, however, the vowels in Albanian always are pronounced in one way, no matter where they occur. If stressed, naturaly, they are a little bit longer and crispier.

Here are more examples and exercises for each wovel's sound:

a is like *a* in English *ah*(only shorter) or *ha-ha:*
aleát - ally
ambasadór -ambassador
kapitalíst – capitalist

e is like *e* in English words *get* :
mbret - king
létër - letter
tétë - eight

i is like *i* in English *shipping*:
idé - idea
iluzión - illusion
índéx – index

o is like the *o* in English word *sport*:
olimpik - olympic
oksigjén - oxygen
pórtë - door

ë is like the *u* in English word *nurse*
or last *e* in *theater*:
ëndërr - dream

ëmbëlsìsht - tenderly
bëj - to do

The **u** and **y,** especially the last one, are the two vowels that represent the greatest chalenge to English speaking people.

> **u** is pronounced always as the English *oo* in *food* or *u* in *rule.*

mur - wall
furtunë - fortune
zhurmë – noice

> **y** is pronounced approximatively like **u** in English words *avenue* or *menue.*

In French pronounciation of this words (*avenue* or *menue)* you can hear the pure **y,** identical to the sound **y** in Albanian.

yll - star
ylbér - rainbow
yndyrë – greas

In English there is not any sound that is similiar to Albanian **y.** The best way to pronounce it is to be prepared to say **u** or to round your lips as if to whistle and at the last moment "to change mind" and say **i** (like **i** in *shipping* or **ee** in **sheep)** . Otherwise, you can produce a sound between **u** and **i** in pronouncing the Albanian **y.** If you can not master the prononciation of the wovel, pronounce it as the **i** in *filling.* In some Albanian tongues /e. g. Argirocastra/ this sound is pronounced like **i** *(hill).*

We can conclude the discussion by saying that the vowels of Albanian are pronounced like their counterparts in Romance languages or Esperanto.

2. THE PRONUNCIATION OF THE CONSONANTS

The consonants **b, c, ç, d, dh, f, g, gj, h, j, k, l, ll, m, n, nj, p, q, r, rr, s, sh, t, th, v, x, xh, z , zh** in most cases are pronounced like their

English equivalents in these words:

b - **b**abà (father) - like *b* in *ballad*,

c - **c**igàre (cigarette) - like *ts* in *tsetse* disease,

ç - **ç**aj (tea) - like *ch* in *much*,

d - **d**àjë (uncle) - like *d* in *deal*,

dh - **dh**òmë (room) - like *th* in *then*,

f - **f**abrìkë (factory) - like *f* in *false*,

g - **g**ur (stone), - like *g* in *game*,

gj - **gj**ùhë (language) - there is no sound like this in English, but you can pronounce it like *gi* in **give**.

h - **h**àrtë (map) - like *h* in *hard*,

j - **j**ètë (life) - like *y* in *yacht*,

k - **k**arvàn (convoy) - like *c* in *camera*,

l - **l**egjèndë (legend) - like *l* in *liver*,

ll - **ll**otarì (lottery) - like *ll* in *hill*,

m - **m**amà (mother) - like *m* in *match*,

n - **n**ormàl (normaly) - like **n** in *nurse*,

nj - **nj**erì (men) - like *ni* in *onion*,

p - **p**artì (party) - like *p* in *partner*,

q - **q**àrtë (clearly) - there is no sound similiar to the Albanian *q* in English, but you can pronounce it like *cky* (kj) in *stockyard*.

r - **r**eaksiòn (reaction) - like *r* in *robot*,

rr - **rr**òtë (wheel) - like *rr* in *"hurrah,"*

s - **s**andàle (sandal) - like *s* in *side*,

sh - **sh**kòllë (school) - like *sh* in *shop*,

t - **t**itull (title) - like *t* in *time*,

th - **th**ùa (nail) - like *th* in *thief*,

v - **v**èrë (summer) - like *v* in *vague*,

z - **z**èmër (heart) - like *z* in *zenith*,

zh - **zh**ùrmë (noise) - like *s* in *vision*,

x - n**x**ënës (pupil) - like dz in ***Shzebra*** ,

xh - **xh**akètë (jacket) - like *j* in *jolly*.

The Albanian consonants: **b, ç, d, f, g, h, j, k, l, ll, m, n, nj, p, r, rr, s, sh, t, th, v, z, xh** do have their equivalents in English. Bellow are examples and exercises for each of them.

b is like *b* in *bread*:

búkë - bread

absolút - absolute

abstrákt - abstract

ç is like *ch* in *check*:

çantë - handbag

çarçáf - sheet

çfárë – what

d is like *d* in *dear*:

dafínë - laurel

det - sea

dépo – storehouse

dh is like sound *th* in English word *their*:

dhanòre – dative

dhe – earth

dhèlpër – fox

f is like *f* in *fame*:

fajkúa   - hawk

fámë - fame

famílje – family

g is like *g* in *garden*:

garázh - garage

gardh - fence

gazétë – newspaper

h is like *h* in *hair*:

hangár - hangar

hap - to open

hark – arch

j is like sound *y* in English word *yacht*:

jam – I am

jastëk – pillow

k is like sound *q* in English word *quadrat*:
kafàz – cage
kàlë – horse
keq – bad

l is like *l* in English word *land*:
kàlë – horse
kalìbe – hut
laboratòr – laboratory

ll is like *l* in English word *mill*:
bllok – block
dàllgë – wave
fill – thread

m is like *m* in English word *man*:
màce – cat
magjik – magic
makaròna – macarony

n is like *n* in English word *never*:
nàftë – naphtha
nam – fame
ndàrje – division

nj is like *n(e)* in English word *new* **(ny-oo)**:
njeri – men
një – one
njëjës – singular

p is like *p* in English word *pope*:
pakt – pact
pàlë – pair
pallàt – palace

r is like *r* in English word *rabbit*:

ràdio – radio
rakètë – racket
rebèl – rebel

rr is like *r* in English word *hurry*:

rràthë – circles
rrèckë – rag
rrëfìm – confession

s is like *s* in English word *sailor*:

sallàtë – salad
serùm – serum
sërìsh – again

sh is like *sh* in English word *shine*:

shàrrë – saw
shènjë – mark
shesh – square

t is like *t* in English word *time*:

tablèt – tablet
tanì – now
tèkst – text

th is like *th* in English word *thick*:

thaj – to dry
thelb – kernel
thelë – slice

v is like *v* in English word *very*:

vaj – oil
vàlë – wave
vdèkje – death

z is like *z* in English word *zebra*:

zarf – envelope
zèmër – heart

zh is like sound *j* in English word *Jacob* (**zha-kob**):
zhàbë – toad
zhapì – lizard
zhargòn – jargon

x is like sound *dz* in English word *adzuki bean* (ad-zooke):
xing – zinc
xìxë – spark
xixëllòn – to spark

xh is like *j* in English word *John*:
xhaxhà – uncle
xhep – pocket
xhentìl – polite

There are not equivalent sounds for Albanian consonants **gj, q**. They are affricates, **gj** – voiced palatal, and **q** - voiceless palatal.

Gj is prononced very likely to *g* sound in English word *gender*. You can pronounce **gj** like *gi* in *given*.
gjah – hunting
gjahtar – hunter
gjak – blood

There is no sound similiar to the Albanian *q* in English, but you can pronounce it like *cky* (kj) in *stockyard* or simply *k* until you will be able to pronounce the Albanian **q** after some exercises. During the pronounciation of the **q** sound, the tongue touches not the front teeth (as in pronounciation of the voiceless affricate **ç**), but touches the center of palatum. In some Albanian areas of the north **q** is pronounced like **ç** (qeni (the dog) – **ç**eni) or like **k** (*unë kam qenë* (I have been) – *unë kam kenë*), for example:
qaj – to cry
qesh – to smile
qen – dog

3. THE DIPHTHONGS

There are these frequently used vowel combinations and diphthongs in Albanian:

ai, au, ei, eu, ia, ie io, iu, oi, ua.

The diphthongs are the combinations of the wovels, in which are involved **i** and **u**. All the Albanian combinations of vowels and diphthongs does exist in English. The only difference is that you have have to prononce equaly clearly and in one way both vowels involved in a diphthong or vowel combination. Here are some examples:

ai – Thomai (the Thomas),

au – trau (the rafter),

ei – Heminguei (The Hemingway),

eu – kerceu (sprung),

ia - Ilia (The Eli),

ie – ndiej (to feel),

io – kiosk (kiosk),

iu – veriu (the North),

oi – shkoi (went),

ua – perrua (stream),

ue – fitues (winner),

4. THE STRESS

According to the stress Albanian word are classified in following categories:

a) oxytones, or stressed in the last syllable: *qytèt (city), gjerdàn (necklace), tagjì (fodder), xhaxhà (uncle) etc.*,

b) paraoxytone, or stressed on the next to the last: *zhùrmë (noise), qèndër (centre), qèpë (onion), thìkë (knife), shkòllë (school), zèmër (heart), jètë (life), tìtull (title), vèrë (summer),etc.* ,

c) proparaoxytones, or stressed on the third from the last: *vàjzave (daughters), prìshjani (destroy it), ndërprìteni (stop it)* etc. Proparaoxytones are not frequent.

The most frequent are paraoxytones and then oxytones. The stress is marked only for teaching purposes.

Usually the accent remains unchangeable, for example: **shkòllë** – **shkòlla** (school), **zèmër - zèmra** (heart), **jètë** – **jèta** (life), **tìtull** – **tìtulli** (title).

5. INTONATION

The intonation in Albanian is almost the same as in other Europian languages, especialy Romance and Esperanto languages. Intonation is more fluent and smooth in Albanian than in English, where are to many stops. Don't forget that the speaking apparatus is not so stressed in Albanian as it is in English.

Here are some examples for comparison:

Marini është gazetar. Edhe Xhoni është gazetar. Ai është amerikan. Ai po mëson shqip. Marini e ndihmon shpesh Xhonin të mësojë shqip.

Marin is a reporter. John to is a reporter. He is American. He is learning Albanian. Marin often helps John to learn Albanian.

For more help you can go to the **www.cezarkurti.com,** where you can hear the sounds of Albanian, or can go at www.amazon.com, where you can find the book "Cezar Kurti: **Learn Albanian**, Published by *Legas*".

Përmbajtja - Table of Content

Made in the USA
Lexington, KY
19 June 2013